PARA CIMA!

A NOVA ECONOMIA ESPACIAL

© 2021 Raphael Röttgen

ISBN: 978-3-952334-0-6

© 2020/2021 Raphael Röttgen

Editora: Space Business Institute
Autor: Raphael Röttgen

Capa: Romana Bovan
Edição: Karola Neutze
Tradução: Konekto

ISBN: 978-3-9525334-1-3 (Print)
       978-3-9525334-0-6 (EPUB)

Diagramação: Katia Regina Fonseca
Direção: Mauro Wainstock

Dados internacionais de Catalogação-na-Publicação (CIP)

Rot842   Röttgen, Raphael.
        Para cima!: A nova economia espacial / Raphael Röttgen. – 1. Ed.
        – Rio de Janeiro : Space Business Institute, 2022.
        192p. ; 14x21cm.

        ISBN 978-85-990736-1-8 (broch.)

        1. Economia – Espaço. 2. Espaço exterior – Exploração.
        3. Astronáutica – Economia
        I. Título.
                      CDD 337.19

DADOS DE CATALOGAÇÃO NA FONTE
Bibliotecária: Amanda Araujo de Souza Carvalho
CRB: 6351/7°

Para J. P., como inspiração

Para Cynthia, que cuidou de J. P. durante a quarentena do coronavírus, permitindo-me assim escrever este livro.

ÍNDICE

PREFÁCIO

É conhecida a expressão "space is hard", denotando o quão desafiadora – e penosa – pode ser a conquista do espaço. Por outro lado, espaço é paixão, e isso praticamente marca a carreira dos que labutam no setor, assim como a relação daqueles que de alguma forma se identificam com essa nova fronteira para a humanidade.

Espaço é paixão não apenas para cientistas e engenheiros, para crianças e jovens empolgados. É apaixonante também para aqueles que não se circunscrevem apenas ao que vivenciamos na Terra, apenas ao que se restringe à nossa vida limitada a algumas dezenas de anos. Há visionários, sim; há investidores, também!

Essa é a perspectiva que nos traz Raphael Röttgen, ao nos conduzir desde os primórdios da corrida espacial até a era do "new space", com o crescente protagonismo da atividade privada, com a visão de modelos de negócios, com o apetite ao risco aguçado e temperado pela paixão frente às novas fronteiras e possibilidades vindas do espaço, e a partir do espaço.

Recorrendo a exemplos notáveis como o foram a conquista do oeste estadunidense e a criação do mercado de aviação civil, Raphael mostra-nos como, paulatinamente, as atividades outrora restritas a pesados investimentos governamentais agora podem ser encaradas até por startups. Há casos e casos, distintos níveis de fronteiras tecnológicas e escalas de desafios que, naturalmente, separam as ambições e os projetos. Todavia, não há como negar que o espaço não pode mais ser visto apenas como seara de ciência e tecnologia, ou de arena de disputas geopolíticas. O mercado espacial cresce continuamente e abre perspectivas com enorme influência para o dia-a-dia de todo cidadão.

Como saber disso se aproveitar? Como se posicionar e se arriscar em tão belo e complexo mundo novo? Certamente, não há respostas fáceis. Mas, com toda certeza, a iluminação trazida por Raphael irá permitir que essa imersão na nova economia espacial possa se fazer com paixão e técnica, bem ao sabor do espírito desbravador de quem deseja, conscientemente, empreender e investir.

Ad astra per aspera!

Carlos A. T. Moura
Presidente da Agência Espacial Brasileira

PREFÁCIO DO AUTOR

Eu quero ir à Lua.

Quero pular em baixa gravidade como os astronautas da Apollo. Quero ver a "desolação maravilhosa"[1] da paisagem formada por areia e crateras, como a descreveu o segundo homem que pisou lá, Buzz Aldrin. Também quero olhar de lá a Terra, a joia azul que é nosso lar na infinitude do espaço.

Eu já queria isso tudo quando era criança, como provavelmente muitos de nós. Mas até pouco tempo eu não poderia imaginar que já seria possível realizar esse sonho. Tampouco que eu trabalharia ou falaria com pessoas que trabalham quase diariamente com isso.

Até alguns anos atrás, eu atuava no tradicional setor de finanças, onde passei quase toda a minha carreira. Por mera coincidência, alguns grandes investidores da empresa espacial de Elon Musk, a *SpaceX*, perguntaram-me se eu estaria disposto a fazer algumas análises financeiras sobre a empresa. Aleguei que não sabia muito sobre o espaço, mas os investidores acreditaram que eu poderia aprender sobre o assunto. Foi exatamente o que eu fiz e, desde então, nunca mais parei de pensar na minha viagem ao espaço, nem olhei para trás com arrependimento. Abandonei meu emprego no setor financeiro e, para começar, passei um verão na Universidade Internacional do Espaço (International Space University – ISU[2]), em Estrasburgo, para aprender mais e conhecer outras pessoas do setor espacial. Depois da universidade, fundei uma empresa que investe no espaço e presta assessoria, como é o caso da *SpaceX*.

Quanto mais eu lido com viagens espaciais, mais me convenço de que hoje, mais de cinquenta anos depois da primeira viagem à Lua, esta será a próxima grande aventura da humanidade. E isso também será interessante financeiramente – já existem prognósticos de que os lucros da economia espacial atingirão trilhões de dólares nas próximas duas décadas[3]. Em outras palavras: no futuro, o espaço não será mais reservado para poucos astronautas – quem quiser poderá participar de alguma forma, seja como empresário, funcionário, pesquisador ou turista espacial. As oportunidades de vida, carreira e investimento que se desenvolverão serão imensas. Vivemos tempos emocionantes.

Mas tudo isso ainda se encontra num estágio inicial. Poucos sabem o quão grande é o potencial das viagens espaciais e quantas possibilidades diferentes existem. Minha intenção com este livro é fornecer uma visão sobre os rápidos desenvolvimentos dos últimos anos e mostrar as perspectivas que serão oferecidas a todos nós no futuro.

Talvez em dez ou vinte anos eu encontre alguém na Lua que tenha lido esse livro e ainda se lembre dele – então eu terei atingido meu objetivo!

Ad astra!

INTRODUÇÃO:

O desenvolvimento da Califórnia

"Se [alguém no oeste americano] tivesse adormecido em 1869 e acordado novamente em 1896, não teria reconhecido a terra que a ferrovia tocou. O bisonte foi substituído pelo gado; montanhas foram explodidas e perfuradas. Grandes extensões de terra, que antes sussurravam grama, agora gritavam milho e trigo (...) A população aumentou em toda esta enorme região, e cidades cresciam ao longo de suas bordas (...) Podíamos rastrear cada mudança através das ferrovias."

(Richard White, *Railroaded* [4])

Califórnia – a terra prometida na costa oeste americana: praias a perder de vista, Hollywood, Disneylândia, Vale do Silício e algumas das empresas mais conhecidas e importantes do mundo: *Google, Apple, Facebook* ou justamente... *SpaceX*. Isso mesmo: um dos lugares mais importantes do mundo também quando o assunto é viagem espacial.

Um importante centro de pesquisa da agência espacial americana NASA, o NASA Ames, está localizado no centro do Vale do Silício, próximo à sede dos gigantes da internet. Em torno do Ames Center existem inúmeras empresas espaciais recém-fundadas. Da base aérea de Vandenberg, a norte de Los Angeles, foguetes são lançados regularmente, muitas vezes da *SpaceX*. Outra base aérea na Califórnia, Edwards, foi usada pelo ônibus espacial para vários pousos. A menos de quarenta quilômetros dali, em Mojave, o primeiro voo espacial suborbital financiado com recursos privados decolou em 2004. Na região de Los Angeles existem há muito tempo empresas aeroespaciais tradicionais, como a *Aerojet Rocketdyne* (que, entre outras coisas, construiu os motores principais do ônibus espacial), *Boeing* e

Lockheed. Hoje, novas empresas espaciais se juntaram a essas, principalmente em *Long Beach*, como *Virgin Orbit* e *SpinLaunch*, ou na região do aeroporto internacional, como a *SpaceX*. Quem pegar a *Freeway* 105, saindo do aeroporto em direção ao centro de Los Angeles, irá notar em algum ponto do caminho, do lado direito, uma estrutura cilíndrica atrás de alguns prédios que, à primeira vista, parece quase uma chaminé. No entanto, este é o primeiro estágio de um foguete *Falcon 9*, de aproximadamente cinquenta metros de altura, que a *SpaceX* montou na frente de sua sede.

Ainda falaremos aqui de todas as empresas espaciais da Califórnia supracitadas. De início, vamos fazer uma viagem ao passado da Califórnia, voltando ao ano de 1850. A Califórnia se tornou o 31° estado dos Estados Unidos em setembro de 1850, depois de ter feito parte do México até o fim da Guerra Mexicano-Americana. De acordo com o primeiro censo, em 1850, a Califórnia tinha então pouco mais de 90.000 habitantes[5]. Os colonos do Velho Oeste, como contam os livros, vinham em maioria, com cavalos e carroças cobertas, atraídos pela corrida do ouro alguns anos antes. A vida que os esperava não era nada fácil. Eles não podiam trazer consigo muita coisa e tinham que viver do que a terra lhes dava. Mas o país de grandes dimensões, amplo e em grande parte despovoado, atraía os colonos com novas oportunidades, que esses não encontravam mais nas cidades da costa leste.

A partir de 1858, uma carruagem circulava regularmente de St. Louis, Missouri, no centro dos Estados Unidos, para São Francisco, na costa oeste, a mais de 2.000 milhas de distância. A viagem durava 25 dias e havia o risco de, entre outras coisas, ser emboscado no longo caminho[6]. E então vieram as ferrovias. Em 1869, foi concluída a primeira conexão entre o leste e o oeste. As peças para a linha férrea vieram do leste dos EUA, de navio, via Cabo Horn. Inúmeras outras conexões se seguiram nas próximas décadas, e a capacidade ferroviária cresceu rapidamente[7]. É claro que a ferrovia era mais rápida e confortável, oferecia mais lugares e era mais barata que as carroças. Segundo algumas estimativas, os custos com transporte no oeste caíram em torno de oitenta e cinco por cento[8].

As consequências foram dramáticas, como a citação do início deste capítulo já permite supor. No ano de 1900, a população da Califórnia tinha aumentado para quase um milhão e meio de pessoas. Na mesma época, o produto interno bruto americano aumentou mais de oito vezes[9]. Também na bolsa de valores era nítido o sucesso das ferrovias: o valor das ações do setor de transporte às vezes chegava a quase dois terços do valor de toda a bolsa[10]. Os barões das ferrovias ficaram incrivelmente ricos. Leland Stanford, co-fundador da *Central Pacific Railroad* (a primeira empresa ferroviária a construir uma conexão com o leste), fundou junto com sua esposa a hoje famigerada universidade de elite em memória de seu único filho, morto prematuramente. Os não-ferroviários também enriqueceram com o *boom* no oeste: James Lick, que veio de sua Pensilvânia natal para São Francisco via Buenos Aires, fez fortuna com negócios imobiliários, por exemplo. Ele doou à Universidade da Califórnia um observatório que existe ainda hoje e que nos traz de volta ao assunto deste livro – o espaço.

O que a exploração da Califórnia tem a ver com o espaço? A Califórnia daquela época, ou ainda todo o oeste dos Estados Unidos, é hoje uma analogia para o espaço. Assim como toda essa região naquela época, o espaço também parece muito distante, praticamente inabitável, só podendo ser alcançado com muito esforço, despesa e muitos riscos. No entanto, podemos presumir que estamos apenas começando a construir o equivalente a uma ferrovia no espaço. Com veículos de lançamento novos e grandes, multiplicaremos a capacidade de transporte para o espaço nos próximos anos, de modo que seja fisicamente possível levar conosco material suficiente para construir ali estruturas significativas. A esperada queda de custos com essa capacidade de transporte é fator extremamente importante. Assim como no século XIX, quando a ferrovia reduziu os custos em cerca de oitenta e cinco por cento em comparação com o transporte a tração animal, veremos no capítulo seguinte que já teve início uma queda semelhante nos custos dos foguetes, e poderia ser consideravelmente mais radical do que a comparação histórica. Ao mesmo tempo – e isso também será discutido nos próximos capítulos – os custos de outros componentes das viagens espaciais, como por exemplo os satélites, estão caindo. Desta forma, os mais variados projetos espaciais serão viáveis não apenas tecnicamente, como também economicamente. Até então ninguém tinha imaginado ser possível levar um grande número de turistas ao espaço, observar constantemente toda a Terra em tempo real, produzir materiais industriais no espaço ou extrair matéria prima da Lua. No entanto, trata-se de projetos em cuja realização algumas empresas já vêm trabalhando. O mais empolgante, porém, talvez seja o potencial dos vários projetos espaciais que hoje mal conseguimos imaginar, mas que se tornarão possíveis com a queda dos custos. Uma outra comparação com o passado mais recente pode ser elucidativa: na segunda metade da década de 1990, teve início a marcha triunfal da internet. Alguns dos aplicativos básicos já eram familiares para muitos, como *e-mail* e *e-commerce* (a *Amazon* havia acabado de começar a vender livros online). Mas quase ninguém naquela época poderia imaginar modelos de negócios como *Facebook*, *Airbnb*, *Uber* ou *Tinder*. Todos esses negócios, hoje avaliados em bilhões, foram viabilizados pela internet e evoluíram ao longo dos anos. Para isso, além da própria internet, eram necessários empreendedores criativos e ousados que entendessem o potencial da internet e a usassem para suas ideias.

O que esses empreendedores criativos poderiam criar com a nova ferrovia para o espaço? Em primeiro lugar, é preciso que os empresários reconheçam as oportunidades econômicas que o espaço oferece. É por isso que escrevi este livro. Pretendo mostrar as grandes tendências, e como elas já estão sendo utilizadas por empresários do setor espacial. Com este livro, quero informar e, assim espero, também inspirar. Ele se estrutura da seguinte forma: na primeira parte, você ficará conhecendo as tendências mais importantes e que permitem novas perspectivas – a queda brusca dos custos e o aumento da entrada de capital privado no setor espacial. Na segunda parte, apresento a vocês subsetores específicos da economia espacial, incluindo alguns de seus participantes. A última parte pretende ser inspiradora, mostrando como pode ser nosso futuro no espaço e como cada um de nós pode dele participar.

Todos os sistemas estão prontos. Já estamos a postos!

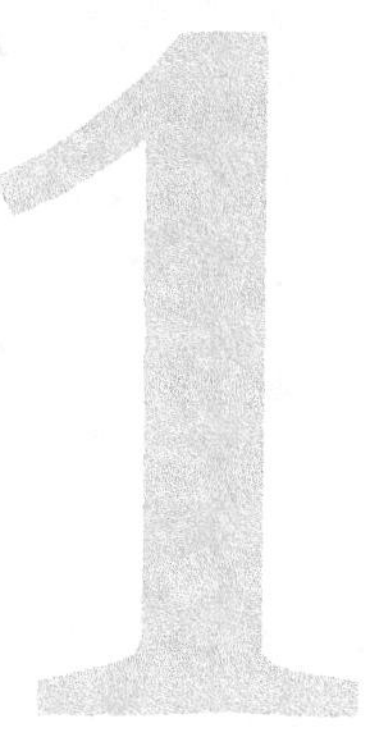

O SETOR ESPACIAL
EM TRANSIÇÃO

CAPÍTULO 1

O espaço está ficando mais em conta

" Trata-se da diferença entre aviões que jogamos fora depois de cada voo, e aqueles que reutilizamos várias vezes. "
(Elon Musk[11])

Qual é a coisa mais cara que, em tese, um bilionário entediado poderia comprar? Um super iate? A maioria deles não custa mais do que algumas centenas de milhões de dólares. Um jato particular? Até mesmo o Airbus A380, convertido em um "palácio voador" pelo príncipe saudita Walid bin Talal, supostamente não custa mais de 500 milhões[12]. Mas, e se você estivesse prestes a gastar pelo menos dois bilhões de dólares? Esse é o custo estimado de um único uso do novo foguete pesado SLS *(Space Launch System)* da NASA, de acordo com uma carta da Casa Branca ao Senado dos EUA em novembro de 2019[13]. A NASA não confirmou nem negou este montante. Além dessa soma apenas para o foguete, existem custos para a cápsula correspondente Orion, dentro da qual os astronautas devem ser levados à Lua, por exemplo. Os fundos necessários para o desenvolvimento já podem ser estimados em mais de dez bilhões[14]. Felizmente, a NASA tinha, e tem, – aliás, para ser justo: também agências espaciais em outros continentes – condições de operar nessas dimensões financeiras. O programa Apollo da década de 1960 custaria mais de US$ 150 bilhões hoje (ajustado pela inflação)[15]. As missões de pesquisa, como o novo Mars-Rover (veículo explorador de Marte) *Perseverance*, ou o planejado *Europa Clipper* (para a lua de Júpiter Europa), custam cerca de três bilhões de dólares cada[16]. Mesmo um único lançamento do foguete europeu *Ariane 5* [17], não tripulado e não muito distante da órbita terrestre baixa, pode custar mais de 200 milhões de euros. Por que o espaço é tão caro assim?

A citação acima de Elon Musk dá uma pista importante: no passado, a grande maioria dos foguetes era usada uma única vez. Os estágios iniciais dos foguetes voltaram à Terra, por exemplo, como pousos forçados nas extensões do Cazaquistão e da Rússia após decolagens da estação espacial de Baikonur, ou afundaram no Oceano Atlântico após decolarem do Cabo Canaveral, na Flórida. Nas profundezas do Atlântico encontram-se até hoje todas as etapas iniciais dos gigantescos foguetes Saturn – com exceção de algumas partes dos motores da Apollo 11, que uma equipe idealizada e financiada pelo bilionário Jeff Bezos trouxe de volta à superfície em uma secreta operação de resgate[18]. Os estágios superiores do foguete não foram reutilizados até hoje. Quando atingirem uma órbita final suficientemente baixa, serão redirecionados à atmosfera terrestre, onde queimarão até se apagarem completamente. Caso estivessem em órbitas mais altas, os foguetes seriam manobrados para as chamadas órbitas-cemitério *(Graveyard Orbit)*, onde (espera-se) não correm risco de colisão. Nas primeiras viagens espaciais, não havia tanta preocupação com o paradeiro das etapas superiores dos foguetes, que simplesmente eram deixados onde quer que estivessem no final de sua missão. É por isso que esses antigos estágios de foguetes superiores representam agora um lixo espacial potencialmente perigoso – um tópico ao qual dedico um capítulo separado neste livro. Quanto à questão do driver de custo, deve-se notar, antes de mais nada, que no passado – e, na maioria dos casos, ainda hoje – nem uma única parte dos veículos lançadores era reutilizada. As únicas exceções são as cápsulas espaciais – sem elas, no entanto, os astronautas também não voltariam à Terra.

Durante os anos da Apollo, era notória a intenção dos Estados Unidos (mais do que da ex-União Soviética) de construir mísseis reutilizáveis. Reutilização significa maior esforço tecnológico e peso adicional para os sistemas necessários; por exemplo, para propelente adicional ou paraquedas. Esse peso não pode ser usado para a carga útil levada pelo foguete e para a qual normalmente apenas uma pequena porcentagem do seu peso total está disponível (o resto é majoritariamente propelente). Os custos adicionais de desenvolvimento para reutilização só se justificam se forem amortizados em muitos voos (o que não era o caso da Apollo, com vinte missões planejadas de antemão[19]). Isso logo se tornou um dilema: por um lado, o desenvolvimento de foguetes reutilizáveis só fazia sentido com a perspectiva de demanda para muitos voos; por outro, tal demanda, pelo menos por parte de clientes comerciais, provavelmente só surgiria de foguetes de fato mais baratos. Alguém precisava dar o primeiro passo e, como costuma ser o caso com projetos ousados na história do espaço, quem o fez foi o Estado. No início dos anos 1970, a agência espacial americana NASA recebeu aprovação do Congresso dos Estados Unidos para desenvolver uma nave reutilizável, o ônibus espacial *(Space Shuttle)*.

O ônibus espacial era de fato amplamente reutilizável. A impressão visual por si só foi completamente diferente dos foguetes anteriores, embora ele ainda tenha decolado verticalmente. Na plataforma de lançamento, o ônibus espacial parecia um avião robusto, com dois poderosos foguetes tradicionais de propelente sólido fixados à esquerda e à direita, e um enorme tanque laranja sob sua barriga, que continha propelente para os motores principais. Os foguetes a propelente sólido ajudavam com um empuxo considerável na primeira fase do voo, depois eram ejetados pelo ônibus espacial e pousavam com pára-quedas. O próprio ônibus espacial pousava no final de cada missão, planando horizontalmente como um avião – ele tinha pequenas asas que eram completamente inúteis no vácuo do espaço. A única parte do ônibus espacial que se perdeu em todos os voos foi o grande tanque laranja.

Os planos para o ônibus espacial eram ambiciosos[20]. No início dos anos 1970, pensava-se que o preço poderia ser reduzido para cinco milhões de dólares por voo. Em dólares de hoje (ajustados pela inflação), são cerca de trinta milhões. Mas com uma carga útil de quase 30 mil quilos, isso significaria um preço de apenas mil dólares por quilo de carga – o que, ainda hoje, estaria muito abaixo de qualquer preço de foguete. O ponto crítico, no entanto, era que seria necessário realizar entre cem e cento e cinquenta voos de ônibus espaciais ao ano para se atingir esse preço. Muitos usos em potencial foram considerados para o ônibus espacial, incluindo lançamentos de satélites, operações militares rápidas, turismo espacial e até mesmo descarte de lixo nuclear. No final, toda a frota de cinco ônibus espaciais voou apenas 135 vezes entre 1981 e 2011. Isso o trouxe de volta ao círculo vicioso de baixa demanda e, portanto, de custos mais elevados por voo. Além disso, alguns custos do ônibus espacial se revelaram muito mais elevados do que o esperado, uma vez que, no final, a tecnologia não era tão simples quanto se imaginava no começo. Os melhores exemplos são os motores principais da nave e o escudo térmico, que protegem a nave das altas temperaturas ao retornar à atmosfera. Os potentes motores eram então (e talvez ainda sejam) os mais complicados já construídos. Na verdade, pretendia-se que o ônibus espacial voltasse a funcionar muito rapidamente, com apenas uma breve inspeção entre os voos – semelhante à dos aviões. É por isso que definitivamente não se queria desmontar os motores depois de cada voo – mas é justamente isso o que teve de ser feito, por questões de segurança, e com um gasto considerável de tempo, esforço e dinheiro. O mesmo se aplica às 3.000 placas de cerâmica do escudo térmico, que precisavam ser minuciosamente inspecionadas entre os voos. No final das contas, o preço inicial de um ônibus espacial era de, em média, cerca de 500 milhões de dólares. Um montante assim talvez se justificasse no caso de missões mais complicadas, como o telescópio espacial *Hubble* e a montagem da Estação Espacial Internacional (ISS), mas não para a instalação de satélites normais em órbita. Para isso, foguetes de uso único, mais baratos e testados, eram suficientes. Não veríamos uma nova tentativa com foguetes realmente recicláveis até meados da segunda década do novo milênio.

O baixo número de unidades tem sido um dos motivos para os altos custos na construção de foguetes. Como já mencionamos, foram construídos apenas cinco ônibus espaciais. O *Delta IV* americano voou apenas quarenta vezes entre 2002 e 2019[21]. O *Atlas V*, também americano, cumpriu oitenta e três missões entre 2002 e meados de 2020. O europeu *Ariane 5* foi lançado 108 vezes, em várias versões, entre 2002 e 2018. Até o foguete mais usado no mundo, o russo *Sojus*, foi produzido sessenta vezes por ano durante seu auge, na década de 1980[22]. A título de comparação: a Airbus produz seu jato *A320* sessenta vezes por mês[23]. Todos os foguetes acima, diga-se, não são reutilizáveis de nenhuma forma. Isso se aplica até mesmo às cápsulas espaciais *Sojus*, que pelo menos voltam à Terra; porém, após um único uso, elas são alojadas eternamente em grandes depósitos em algum lugar da Rússia ou do Cazaquistão. O problema com o baixo número de unidades não se restringe apenas aos foguetes, mas também se aplica aos satélites. No passado, com algumas exceções, eles eram desenvolvidos e fabricados apenas uma vez, "sob medida" para uma missão específica. É claro que, com números de produção tão baixos, nenhuma economia de escala pode ser alcançada: os automóveis só se tornaram significativamente mais baratos quando Henry Ford passou a fabricar seu modelo T na linha de montagem.

Um outro motivo para os altos custos de produção é certamente a forma pela qual os contratos com o governo costumavam ser estruturados com o setor privado. No caso dos chamados contratos *Cost-Plus* (custo plus), o cliente governamental garantia uma margem de lucro acima dos custos reportados – em tese, independentemente de seu valor.

Uma vez que essa margem de lucro é definida como uma porcentagem, um tipo de incentivo reverso foi criado: dez por cento de lucro garantido à custa de um bilhão (cem milhões) é significativamente mais do que dez por cento sobre 500 milhões (cinquenta milhões). Em outras palavras, quanto mais custos o empreiteiro governamental puder relatar, melhor para ele (mas, infelizmente, não para o contribuinte).

O último motivo frequentemente alegado para os altos custos em viagens espaciais é um círculo vicioso de altos custos para foguetes e satélites. Essa razão parece perfeitamente plausível, mas há quem não a aceite. Se o lançamento de um foguete for muito caro, o cliente terá um incentivo para agregar o máximo valor possível em seu satélite e evitar vários lançamentos. Se um cliente não voa com frequência e a carga útil (o satélite) é muito cara – como também seria uma possível perda – o operador do foguete tem um incentivo de sua parte para manter altos os custos de lançamento.

Eis o ponto de partida. Próximo da virada do milênio, a situação mudou lenta mas seguramente, ainda que os efeitos concretos só tenham sido percebidos há pouco tempo. Entre 1998 e 2004, várias leis foram aprovadas nos EUA com o objetivo de estimular a estruturação de um setor espacial privado e, assim, desenvolver mais opções de lançamento de foguetes e abastecimento da ISS, entre outras coisas[24]. A estrutura de contrato entre o governo e o setor privado mudou, pelo menos parcialmente, do modelo absurdo de *Cost-Plus* para o de os preços fixos normais no setor privado. Elon Musk fundou sua empresa *SpaceX* nessa época, e Jeff Bezos a *Blue Origin*. Ao mesmo tempo, ocorreu a competição *X-Prize*, na qual equipes financiadas por fundos privados tentaram ser as primeiras a lançar duas vezes ao espaço um foguete tripulado. *Blue Origin*, *SpaceX* e algumas outras empresas – agora menos conhecidas e parcialmente falidas – logo começaram a desenvolver foguetes direcionados a serem reutilizáveis. No entanto, seria só em 2015 que as duas novas grandes empresas espaciais pousariam com sucesso os primeiros estágios de um foguete que retornava do espaço em um curto período de tempo. Enquanto a *Blue Origin* desenvolvia e testava seus foguetes internamente, a *SpaceX* voava (e pousava), cada vez com mais frequência, seu foguete parcialmente reutilizável *Falcon 9*, para clientes governamentais e comerciais. Em 2018, os foguetes *Falcon 9* foram lançados vinte vezes, e onze destes tiveram primeiros estágios que haviam voado e pousado antes[25]. O segundo estágio do foguete ainda não era reutilizável e, por isso, era usado um novo a cada voo. Isso significou que os números de produção da *SpaceX* também aumentaram e, por conseguinte, as economias positivas de escala na produção.

Hoje em dia, um voo de carga útil não tripulado em órbita terrestre baixa (*Low Earth Orbit* / LEO) em um *SpaceX* ou *Falcon 9* custa entre cinquenta e sessenta milhões de dólares. Uma vez que o foguete tem capacidade de carga útil máxima de vinte e três toneladas (mas geralmente carrega menos com ele, entre outros motivos porque precisa de propelente adicional para pousar o primeiro estágio novamente), o preço por quilograma de carga útil pode ficar inferior a 3.000 dólares. Outros foguetes análogos, por exemplo o americano *Atlas V*, o europeu *Ariane 5*, o japonês *H-II* e o indiano *LVM3*, custam em torno de sete a dez mil dólares por quilo de carga útil. O único foguete que se aproxima do *Falcon 9* em termos de preço é o já testado *Proton* russo, que não é reutilizável. Mas não é todo mundo que está pronto para usar um míssil russo – é claro que ele está excluído como uma opção para satélites de reconhecimento americanos. Ainda que a *SpaceX* não publique números relativos a seus próprios custos, vários dados sugerem que o foguete *Falcon 9* provavelmente custará menos da metade do que pagam os clientes da *SpaceX*. Uma vez que, com tais custos, a *SpaceX* não tenha nenhuma concorrência, pelo menos por enquanto, parece plausível que, para estabelecer o preço do *Falcon 9*, a empresa simplesmente tenha tomado por base o produto concorrente mais barato – o *Proton*.

A situação é semelhante para voos com tripulação. Os números do último parágrafo aplicam-se a voos somente com carga útil (principalmente satélites). Voos com pessoas são mais complicados porque, entre outras coisas, é necessário um sistema de suporte de vida e trazer as pessoas de volta à Terra. A última opção americana para voos tripulados era o ônibus espacial e, como vimos, um voo custava em média US$ 500 milhões. Depois que o ônibus espacial se aposentou, em 2011, os Estados Unidos não tinham mais capacidade de transporte próprio para seus astronautas. A grande potência espacial teve que levar seus astronautas para a Estação Espacial Internacional (ISS) em foguetes russos *Soyuz* pelo preço de oitenta e seis milhões de dólares por astronauta. Desde 2020, os astronautas americanos estão voando novamente em uma cápsula espacial americana, a *Crew Dragon*, na ponta de um foguete americano, o *Falcon 9*, e por um valor significativamente mais barato: cinquenta e cinco milhões de dólares. O primeiro lançamento da *Crew Dragon*, com dois astronautas da NASA a bordo, foi realizado com sucesso no final de maio de 2020. O pouso ocorreu no início de agosto nas águas do Golfo do México.

Contudo, os voos para o espaço podem ficar mais baratos muito em breve. Neste momento, a *SpaceX* trabalha intensivamente para desenvolver sua próxima nave espacial, a gigantesca *Starship*, que junto com o primeiro estágio ainda mais gigantesco *Super Heavy*, poderia levar até cem toneladas para uma órbita baixa (LEO) (e com muito menos peso, por exemplo, para a Lua ou para Marte). A *Starship* foi projetada de tal forma que, além do propelente usado, deve ser cem por cento reutilizável – exatamente como um avião normal. O custo por quilo de transporte para uma órbita baixa pode cair para algumas centenas de dólares. Ao mesmo tempo, a *Blue Origin* vem trabalhando em seu grande lançador de carga pesada, o *New Glenn*, e tem o foguete *New Armstrong* ainda maior em planejamento. Quanto aos foguetes *Blue Origin*, nada foi divulgado sobre seus custos e preços-alvo, mas todos devem ser reutilizáveis. Considerando que apenas alguns anos atrás, o custo de envio de um quilograma de carga útil para a órbita baixa era de 10.000 dólares e que, com foguetes de próxima geração para clientes finais, o custo poderia ser inferior a 1.000 dólares, então isso representaria uma queda de noventa por cento ou até mais. Isso supera a queda estimada nos custos de transporte para o oeste americano, quando a ferrovia veio substituir a carruagem puxada por cavalos.

Paralelamente à evolução dos foguetes, surgem tendências muito semelhantes nos satélites e seus componentes que não devem ser perdidas de vista. Uma vez que muitos componentes de satélite são peças de alta tecnologia, eles se beneficiam dos mesmos desenvolvimentos que o setor de tecnologia em geral, incluindo componentes cada vez menores e mais baratos[26]. O fato das peças estarem ficando mais baratas é positivo em si, mas a segunda tendência – a crescente miniaturização das peças – é de enorme importância nas viagens espaciais. Peças menores geralmente significam menor peso, e menor peso significa menores custos de lançamento de foguetes. Em 1999, os professores Jordi Puig-Suari, da *California Polytechnic State University*, e Bob Twiggs, de *Stanford*, começaram a usar peças muito menores para desenvolver o chamado *CubeSat* (satélite cubo)[27]. *CubeSats* usam como unidade básica cubos com uma aresta de dez centímetros e um peso de geralmente um a dois quilos, mas eles representam satélites totalmente funcionais. Um satélite *CubeSat* pode consistir em um cubo ("1U") ou vários cubos compostos (por exemplo 2U, 3U, 6U, 12U). Um efeito colateral importante desse tamanho padronizado foi o desenvolvimento e a fabricação de componentes de satélite padronizados para o tamanho *CubeSat*. Esse "efeito do ecossistema" tornou a construção do *CubeSats* ainda mais fácil e barata. Por mais que o *CubeSats* tenha sido originalmente desenvolvido para fins de ensino em universidades, esses efeitos logo deram origem a outras empresas espaciais, que fariam das constelações de *CubeSats* a base de seu modelo de negócios: por exemplo, as empresas de sensoriamento remoto *Planet* e *Spire*. Hoje em dia, é possível comprar um *CubeSat* de 1U por menos de 100.000 dólares, incluindo o lançamento de foguete em órbita baixa.

Além de componentes mais baratos e da padronização, agora também surgem, na produção de satélites, efeitos de economia escala. No passado, os satélites geralmente eram feitos de forma personalizada, sob medida para uma missão e para um cliente. Os planos atuais da *SpaceX* e de outros para grandes constelações de satélites para comunicações e para observação da Terra requerem a produção de milhares de satélites idênticos – praticamente uma produção em linha de montagem. A *SpaceX*, por exemplo, já lança 60 de seus satélites de comunicação *Starlink* no espaço quase todos os meses, e a empresa afirma produzir 120 desses satélites por mês.

Satélites a custos mais baixos significam, entre outras consequências, que cada vez mais modelos de negócios prometem lucro no espaço. Isso incentiva os empreendedores a tentarem construir tais modelos. Por sua vez, os novos empreendedores, com sua necessidade de constelações de satélites, aumentam a demanda por lançamentos de foguetes – o que, por um lado, motiva o estabelecimento de cada vez mais empresas de foguetes e, por outro, acarreta economias de escala na construção de foguetes. Por fim, os custos de lançamento de foguetes continuam caindo, dando oportunidade a outras empresas espaciais – eis que, de repente, acontece algo que continua impulsionando a economia espacial!

Será emocionante acompanhar como tudo se desenvolverá nos próximos anos. Mas uma coisa já parece evidente: construímos a ferrovia no espaço, e cada vez mais pessoas querem usá-la.

CAPÍTULO 2

Capital privado na viagem espacial

"A única maneira de aplicar tantos recursos financeiros é investir meus lucros da Amazon na astronáutica."

(Jeff Bezos[28])

Setenta e quatro bilhões de dólares – esta é a avaliação atual (fevereiro de 2021) da empresa espacial de Elon Musk, a *SpaceX* [29]. Para fundar a empresa, a *SpaceX* levantou, até o momento, cerca de 6,5 bilhões de dólares em financiamento de investidores, em mais de vinte rodadas[30]. Na *Blue Origin*, outra grande empresa do ramo, o proprietário Jeff Bezos investe cerca de um bilhão de dólares por ano – não por acaso, Bezos é o principal acionista da *Amazon* e um dos homens mais ricos do mundo. A empresa de turismo espacial *Virgin Galactic* recebeu investimentos significativos de fundos dos Emirados Árabes. Para além das maiores novas empresas espaciais, o fluxo de dinheiro privado para a economia espacial é impressionante: em 2019, houve quase 150 rodadas de financiamento para empresas espaciais e o primeiro IPO de uma grande empresa exclusivamente espacial, a *Virgin Galactic*.

É claro que o dinheiro do Estado, por meio de investimentos ou contratos, continua extremamente importante para as viagens espaciais. Já era assim desde o início, e as empresas citadas acima também se beneficiam desses subsídios governamentais, como ainda veremos. Entretanto, principalmente na última década, cada vez mais capital privado, por exemplo de fundos de capital de risco, migrou para as viagens espaciais. Essa tendência é relativamente nova, e é disso que trataremos neste capítulo.

No início desse século, quando a *Blue Origin*, a *SpaceX* e a *Virgin Galactic*, foram fundadas, não havia muito capital privado aplicado nas viagens espaciais. Talvez isso tivesse a ver com o fato de que a grande bolha da internet tinha acabado de estourar, e várias novas empresas ambiciosas de comunicação por satélite haviam falido. Quando essas três empresas foram lançadas – *Blue Origin*, *SpaceX* e *Virgin Galactic* – seus fundadores já eram ricos, mesmo que ainda não tão ricos quanto Musk e Bezos são hoje. A *Blue Origin* é, ainda hoje, exclusivamente financiada por Bezos. A *SpaceX* recebeu seu primeiro capital de terceiros em 2008 – vinte milhões de dólares do fundo de capital de risco *Founders Fund*, fundado por ex-colegas de Musk na *PayPal*[31]. Em 2010, o *Aabar*, um dos fundos estaduais dos Emirados Árabes, investiu na *Virgin Galactic*.

Na segunda década do novo milênio, surgiram várias outras empresas espaciais, e cada vez mais eram financiadas pelo capital privado. Enquanto em 2009 havia apenas algumas dezenas de rodadas de financiamento para um total de menos de um bilhão de dólares, em 2019 houve pouco menos de 150 rodadas, trazendo um total de quase seis bilhões de dólares para diversas empresas espaciais. Vale ressaltar que grande parte desses seis bilhões foi para a *Blue Origin*, para a *SpaceX* e para a empresa de comunicações por satélite *OneWeb*, mas algumas empresas menores também conseguiram centenas de milhares, ou mesmo milhões em investimentos para a concretização de seus planos de negócios espaciais, e isso é muito importante.

Geograficamente, a maior parte dessas rodadas de financiamento (cerca de cinquenta por cento) ocorreu e ocorre nos Estados Unidos. Isso simplesmente se deve ao fato dos Estados Unidos possuírem a maioria das empresas espaciais, a maioria dos investidores e também o maior financiamento governamental para o setor espacial.

Em relação aos subsetores do setor espacial que recebem investimentos do capital privado, observamos que, tanto para o período entre 2009 e 2019 quanto para o ano de 2019, cerca de cinquenta a sessenta por cento dos investimentos foram direcionados para três tipos de empresas espaciais: as que atuam na comunicação por satélite, no sensoriamento remoto ou na construção e lançamento de foguetes. Ainda abordarei em detalhes esses três subsetores. Os investidores privados gostam desses subsetores, entre outras razões, por verem aqui um potencial real de vendas e lucros que se localiza num futuro próximo – a mineração de matérias-primas em asteróides até se apresenta como um projeto empolgante, mas fica além do horizonte de investimento da maioria dos investidores privados.

Muitos novos investidores se aventuraram no setor espacial na última década – quase 800 investidores diferentes entre 2009 e 2019 e quase 200 apenas em 2019. O maior grupo de investidores são fundos de capital de risco (*Venture Capital Funds*, ou VCs) com cerca de cinquenta por cento de todas as rodadas de financiamento. Há VCs em todas as variantes possíveis, por exemplo, no que diz respeito à sua especialização em um determinado estágio da empresa, a um setor ou à localização geográfica. O perfil típico de VC que já investiu no espaço é americano e especializado em empresas de tecnologia em geral, como a *Lux Capital* ou *Data Collective*. Mas também na Europa alguns desses VCs de tecnologia já começaram a investir em empresas espaciais; por exemplo, o fundo alemão de alta tecnologia para iniciantes (*High-Tech Gründerfonds*). No entanto, existem muito poucas empresas de capital de risco que se especializam exclusivamente em espaço, e a maioria delas são bastante novas: minha própria empresa, por exemplo, a *E2MC Ventures*, a *New Space Capital* e a *Orbital Capital* em Luxemburgo, a *Seraphim* em Londres e a *Starbridge* em Nova York. Em razão do alto nível de conhecimento tecnológico que muitas vezes é necessário para analisar empresas no setor espacial, não surpreenderia se, nos próximos anos, surgissem cada vez mais VCs com foco no espaço. A título de comparação: há centenas de VCs especializados no setor de biotecnologia de complexidade semelhante. Mas o que todos eles têm em comum é o fato de precisarem gerar renda para seus próprios investidores. Um típico fundo de capital de risco tem um prazo de sete a dez anos até que o dinheiro investido (incluindo, com sorte, os lucros) seja devolvido aos investidores. Isso significa que um VC típico tem muito mais probabilidade de investir em empresas que têm uma chance real de desenvolver seus negócios e gerar vendas e lucros nesse intervalo temporal. Em outras palavras: ideias de negócios que provavelmente precisam de um tempo maior para serem iniciadas – por exemplo, a já mencionada mineração de matéria-prima em asteroides – são mais indicadas para outros tipos de investidores.

Um segundo grupo de investidores, que de 2009 a 2019 representou cerca de dez por cento de todas as rodadas de financiamento espacial, é formado por empresas, incluindo departamentos de capital de risco corporativo (em inglês, *Corporate VCs* ou *CVCs*). As empresas e seus CVCs normalmente não investem, ou pelo menos não apenas, por razões financeiras (ou seja, porque esperariam retornos), mas porque veem uma relação estratégica entre seu negócio principal e o investimento. Por exemplo, a *Airbus*, por meio de sua CVC *Airbus Ventures*, investiu na inovadora empresa de foguetes *SpinLaunch* em janeiro de 2020. Isso é de uma relevância estratégica evidente, já que a própria *Airbus* atua no ramo de foguetes através de sua participação no *ArianeGroup* e também produz satélites (que dependem de foguetes). Outro exemplo recente, de março de 2020, é o investimento da empresa britânica de comunicações móveis *Vodafone* na empresa americana de comunicação por satélite *AST & Science*, visando a construir o equivalente a torres de celulares no espaço. As razões estratégicas são tão relevantes, que muitas vezes permitem que as empresas e os CVCs invistam por um período mais longo do que os VCs "normais".

O terceiro grupo de investidores, com uma participação de cerca de vinte por cento, são os chamados "anjos". Tratam-se de pessoas físicas que, geralmente, investem diretamente em empresas, a maioria em estágios iniciais, antes mesmo de os fundos ou empresas entrarem como investidores. Assim, o valor típico de investimento de um anjo também é menor, e pode chegar a apenas alguns milhares de dólares. É claro que isso também depende da fortuna e da disposição para correr riscos de cada anjo – Jeff Bezos poderia ser chamado de anjo, ainda que invista um bilhão de dólares por ano na *Blue Origin*. Semelhantes a corporações e CVCs, os anjos não são necessariamente movidos por razões exclusivamente financeiras. A motivação de um anjo também pode ser um fascínio muito pessoal por um determinado tema – o que, especialmente em um setor como o do espaço, não chega a ser incomum. A título de exemplo, podemos nos deter aqui em Jeff Bezos e sua *Blue Origin*. A principal motivação de Bezos parece ser a de transferir o maior número possível de pessoas e indústrias para a órbita terrestre, de modo que a própria Terra seja protegida enquanto planeta. Outra forma de financiamento dos "anjos" é o chamado "crowdfunding de ações", em que muitos investidores muito pequenos (geralmente não profissionais) se reúnem, organizados em sua maioria por meio de portais especializados na internet. Até agora, existem poucos exemplos desse tipo de *crowdfunding* (financiamento coletivo) para empresas espaciais. Mas isso pode mudar em um futuro próximo: no início de 2021, o valor máximo permitido para esse financiamento por empresa e ano nos Estados Unidos aumentou de pouco mais de um milhão de dólares para cinco milhões. Especulando sobre essa mudança na lei, a startup *Spaced Ventures* já começa a se organizar, na intenção de se tornar um portal na internet para empresas espaciais de *crowdfunding*.

Por fim, um outro grupo de investidores é formado por outras instituições financeiras. Isso inclui, por exemplo, os chamados *family offices*, fundos de cobertura (*hedge funds*), fundos de *private equity* e fundos de pensão. Os *family offices* são empresas de investimento privado de famílias muito ricas. Seus critérios de investimento podem ser de natureza puramente financeira ou conter outras motivações, como é o caso de alguns anjos – isso depende inteiramente do *family office* individual. Os valores investidos também variam consideravelmente e, é claro,

dependem da riqueza do *family office*. O *family office* tradicional
investe principalmente em todas as classes de ativos possíveis,
incluindo ações, fundos, imóveis e investimentos diretos em
empresas privadas. Porém, como os *family offices* tendem a
ter poucos funcionários, acaba sendo muito difícil para eles
entender um setor complexo como o espacial. Isso torna muito
improvável um investimento direto de *family offices* apenas em
uma empresa espacial ou na chefia de um grupo de investidores
– em vez disso, o *family office* dependerá mais provavelmente
de outro co-investidor especializado. As demais instituições
financeiras deste grupo de investidores mencionadas acima –
fundos de *hedge*, fundos de *private equity* e fundos de pensão –
operam geralmente apenas segundo critérios financeiros. Para
a maioria dos fundos de pensão e de *private equity*, as empresas
do setor espacial ainda são muito pequenas e arriscadas para
investir. Uma exceção que confirma a regra é o investimento
de trezentos milhões de dólares do fundo de pensão canadense
Ontario Teachers na *SpaceX* [32].

É gratificante que exista cada vez mais capital privado
no setor espacial, o que naturalmente ajuda os muitos novos
empresários do setor. No entanto, não podemos perder de vista
muitos dos fatores que claramente podem atrapalhar e, na pior
das hipóteses, até levar à retirada do capital privado do setor.
Essa preocupação é principalmente a falta de histórias reais de
sucesso de investimentos no setor espacial. Quem investiu na
SpaceX desde o início já ganhou muito dinheiro, pelo menos
no papel; infelizmente, porém, esse ainda é um dos poucos
exemplos. Ainda há muito poucas "saídas" de investimento
(*Exits*) por parte das empresas espaciais por meio de IPOs ou
vendas de empresas bem-sucedidas. Como contraponto a isso,
infelizmente, surgem agora alguns tropeços de novas empresas
espaciais proeminentes: por exemplo, a *DSI* e a *Planetary Resources*
(de mineração de asteroides), foram vendidas de emergência, a
Vector (de foguetes) abriu falência, e a *PT Scientists* (de viagem à
Lua) também foi vendida de emergência; mais recentemente, a

OneWeb (de comunicações por satélite) também foi vendida em processo de falência. Essas falhas corporativas não são atípicas em um estágio inicial, no qual se encontra atualmente o setor especial.

E sim, após alguns anos de desenvolvimento, agora é chegada a hora de produzir mais histórias de sucesso. Desde o outono de 2020, assistimos a uma tendência completamente nova: a fusão de empresas espaciais com os chamados SPACs (abreviatura de *Special Purpose Acquisition Companies* /Empresas com propósito específico de aquisições). As SPACs são empresas de capital aberto que levantam dinheiro de investidores com a promessa de usá-lo na fusão com uma empresa interessante - além de não terem outro negócio operacional. As empresas-alvo tornam-se, então, elas próprias empresas de capital aberto por meio da fusão com os SPACs. A empresa de turismo espacial *Virgin Galactic* abriu o capital na bolsa por meio de uma dessas fusões. Essa tendência ganhou grande impulso a partir do outono de 2020: entre outubro de 2020 e outubro de 2021, treze dessas fusões entre SPACs e empresas espaciais foram anunciadas (e algumas já foram concluídas). Essa tendência não é incontestável, entre outras razões, devido às avaliações às vezes bem conceituadas que as empresas espaciais receberam nessas fusões. Surge agora um sentido particular no estabelecimento e no envolvimento de mais investidores especializados no espaço: eles têm a competência de analisar melhor as empresas espaciais e também de apoiá-las.

Espero que, com este livro, especialistas e investidores se sintam motivados a dar uma chance ao setor espacial.

PARTE

O SETOR ESPACIAL
EM DETALHES

CAPÍTULO 3

Construção e lançamento de foguetes

"O V2 funcionava perfeitamente, só que infelizmente ele pousou no planeta errado."
(Wernher Magnus Maximilian Freiherr von Braun[33])

Os fundamentos teóricos do voo de foguetes não foram pesquisados por um ganhador do Prêmio Nobel nos salões sagrados de Cambridge ou Harvard; tampouco foram elaborados em um laboratório secreto de alguma área militar restrita. Esta honra coube a um autodidata russo, que desde muito jovem foi um apaixonado por matemática, física e pelos livros de ficção científica de Júlio Verne. Konstantin Ziolkowski terminou sua carreira profissional como professor de matemática na cidadezinha russa de Kaluga, a cerca de 200 quilômetros a sudoeste de Moscou. Mas, nas horas vagas, ele desenvolveu a chamada equação básica do foguete – a base de todo voo de foguete até hoje – além de conceitos como motores de foguetes, estações espaciais, *hovercrafts* e zepelins[34]. O autodidata elaborou a equação básica do foguete em 1897 – em uma época na qual o principal meio de transporte da humanidade ainda era a carruagem! E já nesse tempo Ziolkowski sugeriu que o homem poderia voar para o espaço com a ajuda de um foguete de vários estágios movido a combustível líquido – seis décadas depois, muito tempo após sua morte, seu sonho se tornou realidade.

Por que, afinal, precisamos de foguetes para ir ao espaço? Tanto os foguetes quanto os aviões aceleram em uma direção, criando uma força na direção oposta. Isso segue o princípio de *actio* e *reactio* (Princípio da Ação e Reação) ou a Terceira Lei do físico inglês Sir Isaac Newton. As aeronaves geram essa potência pelo fato de que seus motores absorvem ar, queimando querosene (ou seja, combustível de aviação) e expelindo os gases de escapamento para a parte traseira. Assim, são impulsionados para a frente. Aviões, contudo, não podem alcançar o espaço, porque o ar se torna muito rarefeito na alta atmosfera, não podendo ser utilizado para queimar, nem gerar sustentação para as asas. Os foguetes, pelo menos os hoje chamados foguetes químicos, também avançam queimando combustível e emitindo gases de escapamento. No entanto, uma vez que a combustão requer oxigênio e este não está mais suficientemente disponível a partir de uma certa altura acima da Terra, ao contrário dos aviões, os foguetes precisam levar seu próprio oxigênio com eles. É exatamente isso que a grande maioria dos foguetes ainda faz hoje, carregando consigo oxigênio líquido além de combustível (ou combinado com outro produto, no caso dos propelentes sólidos). A tecnologia necessária para liquefazer o oxigênio foi patenteada por Carl von Linde em 1895 (ao mesmo tempo e de forma independente, também pelo britânico William Hampson); ou seja, quase na mesma época em que Ziolkowski estava desenvolvendo sua equação. O oxigênio precisa ser resfriado a quase 200 graus abaixo de zero antes que o gás se liquefaça – é por isso que vemos os foguetes soltando vapor assim que são abastecidos um pouco antes da decolagem, e não porque estão quentes.

Aliás, não é necessário queimar oxigênio para criar uma reação química que impulsione um foguete. Há uma variedade de substâncias que podem ser misturadas para liberar a energia necessária em uma tal reação. Elencá-las e explicá-las, no entanto, ultrapassaria o escopo pretendido neste livro. Mas uma coisa é importante: o propelente não precisa ser líquido, podendo também estar na fase sólida. Esses foguetes a propulsão sólida foram os primeiros de todos os tempos, tendo sido inventados pelos chineses no século XIII[35] e usados para fins bélicos. Como exemplares mais modernos deles, temos os dois enormes foguetes sólidos do ônibus especial e os do lançador europeu Ariane 5, e também aqueles fogos de artifício de Ano Novo.

Na história recente das viagens espaciais, contudo, foguetes movidos a propelente líquido conseguiram prevalecer rapidamente contra aqueles movidos a propelente sólido. O primeiro voo bem-sucedido de um foguete líquido, ainda que apenas com uma altura de doze metros e meio, foi realizado em 1926 pelo professor americano Robert Goddard. Na década de 1920, o interesse por foguetes cresceu em muitos lugares, incluindo a Alemanha. Terminada a Primeira Guerra Mundial, a Alemanha foi proibida pelo Tratado de Versalhes de desenvolver qualquer arma – mas os foguetes ainda pareciam tão futuristas na época, que ninguém pensou em incluir e proibir seu desenvolvimento no tratado. Em 1927, um grupo de fãs de foguetes fundou em Breslau a associação para viagens espaciais (*Verein für Raumschifffahrt, VfR*)[36], em parte inspirada no filme da UFA (Universum-Film AG) de Fritz Lang, *A Mulher na Lua*. A *VfR* transferiu-se para Berlim em 1929, onde seus membros testaram seus foguetes no campo de aviação de mísseis de Berlim, e realizaram voos de até quatro quilômetros de altura. Um dos membros do *VfR*, também um de seus primeiros presidentes, foi o físico Hermann Oberth, que publicou em 1923 um dos primeiros livros sobre viagens espaciais, *The Rocket to Planetary Spaces*. Outro membro viria a ser o jovem estudante Wernher von Braun.

Tempos depois, ele conduziu o desenvolvimento do foguete A4 no centro de testes de Peenemünde, na costa alemã do Mar Báltico, que tinha quatorze metros de altura e era movido a álcool e oxigênio líquido. Foi o primeiro objeto produzido pelo homem a alcançar o espaço (uma altitude de mais de 100 quilômetros), em junho de 1944. O A4, entretanto, é muito mais conhecido pelo nome de V2, abreviação para *Vergeltungswaffe* (arma de retaliação). A *VfR* começou a entrar em contato com a *Reichswehr* (Forças armadas do Reich) no início dos anos 1930. Os nazistas logo reconheceram o potencial militar dos mísseis. Como V2, o foguete foi produzido em massa por trabalhadores forçados de campos de concentração, sob condições desumanas e com elevado número de vidas perdidas. Os foguetes foram usados principalmente para bombardear Londres e Antuérpia, matando milhares de pessoas – daí a citação de von Braun no início deste capítulo. Quando a Segunda Guerra Mundial chegou ao fim, as potências aliadas obviamente estavam cientes do potencial militar dos mísseis. O Exército Vermelho ocupou o centro de testes de Peenemünde em maio de 1945, capturando um V2 completo. Os americanos chegaram mais rápido ao principal centro de produção do V2, a *Mittelwerk GmbH* na região de Harz. Para lá, foram mandados prisioneiros do campo de trabalhos forçados *Buchenwald,* em Dora, que mais tarde viria a ser o campo de concentração de Mittelbau. É notório que Wernher von Braun estava a par do sofrimento diário a que os trabalhadores eram submetidos, muitas vezes com consequências fatais. Essa área ficava na zona soviética, e mais tarde os americanos acabaram deixando-a de vez para o Exército Vermelho; a essa altura, porém, eles já haviam levado consigo centenas de foguetes V2 e peças. Wernher von Braun já havia enfrentado os americanos e tinha sido levado para os EUA junto com outros engenheiros de foguetes alemães em 1945, como parte da chamada Operação *Paper Clip*. Em 1946, os soviéticos levaram 160 cientistas alemães para a União Soviética como parte de sua campanha *Ossawakim*. Depois disso, a maioria dos lançamentos do A4 / V2 ocorreu no Alabama, Flórida e Kapustin Jar, na fronteira entre a Rússia e o Cazaquistão.

Tanto o programa espacial americano quanto o soviético foram desenvolvidos a partir do A4, e as viagens espaciais nunca perderam completamente sua forte associação com os militares. Gagarin, o primeiro homem no espaço, foi lançado em 1961 em um foguete que, na verdade, era um míssil balístico intercontinental modificado. Em vez de Gagarin em sua cápsula, ele normalmente teria bombas atômicas a bordo. Na mesma época, os americanos desenvolveram o míssil nuclear Mercury, que também levou ao espaço os primeiros astronautas americanos Alan Shepard e John Glenn. O desenvolvimento do foguete americano, sob a direção de von Braun, atingiu seu ponto alto na década de 1960 com o foguete lunar Saturn V. Este foguete de três estágios, movido a querosene e oxigênio líquido, era gigantesco: com 111 metros, era quase oito vezes mais alto que o V2 e os cinco gigantescos motores F-1 de seu primeiro estágio geravam sozinhos um empuxo mais de 100 vezes superior ao do V2. Enquanto o Saturn V ainda estava em uso, começava o desenvolvimento do ônibus espacial, a primeira nave parcialmente reutilizável.

Ao longo dos anos, outros países também desenvolveram foguetes, como é o caso de China, Inglaterra, França, Índia, Japão e, com o *Ariane*, também a Agência Espacial Europeia ESA, que voou pela primeira vez como *Ariane* 1 na véspera de Natal de 1979. Ele decolou do espaçoporto europeu em Kourou, na Guiana Francesa, perto da linha do equador[37]. Apenas três anos depois, em setembro de 1982, voou o primeiro foguete (suborbital), que não era financiado por fundos públicos, mas por recursos privados, o *Conestoga I* da empresa *Space Services*[38]. Também na Alemanha houve uma tentativa de construção de um foguete privado pelo engenheiro espacial Lutz Kayser e sua empresa ORTRAG[39]. Essa tentativa, contudo, acabou falhando, e as décadas de 1980 e 1990, e até mesmo a primeira década do novo milênio, foram dominadas por empresas aeroespaciais tradicionais na construção de foguetes.

As novas empresas espaciais que são mais conhecidas atualmente surgiram no início do novo milênio: a *Blue Origin* foi fundada em setembro de 2000, e a *SpaceX,* em maio de 2002. É interessante notar que a economia mundial ainda estava sofrendo as consequências do estouro da bolha da internet naquela época – mas os fundadores da *Blue Origin* e da *SpaceX* ganharam sua primeira fortuna justamente com essa bolha (Jeff Bezos com a *Amazon* e Elon Musk com a *PayPal*), o que lhes permitiu assumir um arriscado compromisso no espaço. Também nessa época, em 2004, a *Ansari X-Prize*, uma competição de dez milhões de dólares na qual empresas privadas disputaram o primeiro voo espacial tripulado, foi concluída com sucesso (havia começado em 1996). O vencedor licenciou a tecnologia para a nova empresa *Virgin Galactic*, o que será discutido no capítulo sobre turismo espacial. Enquanto o ônibus espacial americano e os foguetes russos *Soyuz* continuavam voando em missões regulares, a *SpaceX* e a *Blue Origin* começaram a desenvolver seus foguetes particulares.

A *SpaceX* foi inicialmente financiada de forma privada por Elon Musk, avaliada em até cem milhões de dólares. Conforme mencionado anteriormente, a SpaceX conseguiu 20 milhões de capital de risco em agosto de 2008 do *Founders Fund*, um conhecido fundo de capital de risco criado por ex-colegas de Musk na *PayPal*. O primeiro voo orbital do *Falcon 1* de Musk (batizado em homenagem à nave *Millennium Falcon*, de Star Wars) foi originalmente programado para ocorrer no final de 2003. A frase muito citada "o espaço é difícil" seria colocada à prova mais uma vez, pois foram necessárias três tentativas fracassadas até que, na quarta, em 28 de setembro de 2008, veio o sucesso: o *Falcon 1* foi o primeiro foguete de financiamento privado a alcançar uma órbita. Posteriormente, Musk enfatizou várias vezes que uma quarta tentativa malsucedida teria significado o fim da *SpaceX*.

A *Blue Origin* seguiu por um caminho diverso da *SpaceX*, concentrando-se de início no desenvolvimento de várias tecnologias básicas (por exemplo, para a orientação e controle autônomo dos foguetes) em vez de tentar voos espaciais o mais rápido possível. Como a *Blue Origin* tem em seu fundador Jeff Bezos um investidor confiável e potente (que já era uma das pessoas mais ricas do mundo naquela época), foi possível começar assim. O foguete suborbital *New Shepard* voou a uma altitude de mais de 100 quilômetros em novembro de 2015 e, portanto, na área que é oficialmente reconhecida como espaço. Neste voo foi até mesmo possível pousar o primeiro estágio do *New Shepard* na vertical – pela primeira vez na história da construção de foguetes. A *Blue Origin* ainda não entrou em órbita, mesmo com muitos outros voos de teste suborbitais do *New Shepard* e até mesmo do primeiro voo tripulado, em julho de 2021.

Nessa época a *SpaceX* já estava voando regularmente em órbita e em nome da NASA, até mesmo para a ISS, para abastecê-la com suprimentos. Um mês após o primeiro pouso do foguete *New Shepard*, da *Blue Origins*, e após algumas tentativas malsucedidas, a *SpaceX* conseguiu pousar o primeiro estágio do *Falcon 9*. Desde então os pousos e decolagens e pousos do *Falcon 9* tornaram-se cada vez mais rotineiros para a *SpaceX* – uma rotina muito lucrativa para a empresa, com preços bem inferiores aos de concorrentes como o americano ULA ou o europeu *Arianespace*.

Este óbvio sucesso econômico deu asas (literalmente) à imaginação de vários empreendedores espaciais, e hoje existem mais de 100 empresas de construção de foguetes em todo o mundo (pelo menos no papel). Essas empresas representam uma ampla variedade de soluções técnicas possíveis para a construção e lançamento de foguetes. A maioria desses foguetes é lançada verticalmente das torres que sempre podemos ver durante as decolagens. Mas também existem propostas para foguetes que, por exemplo, decolam horizontalmente como aviões, de rampas, ou ainda de aviões que levam os foguetes até uma certa altura. A forma de lançamento mais exótica – que até agora só existe em teoria – terá o modelo *SpinLaunch*: a empresa quer usar um tipo de centrífuga de alta velocidade para ejetar uma carga útil para o espaço. No entanto, devido às forças centrífugas extremamente altas, esse método não seria adequado para voos com pessoas. As diferentes empresas usam propelentes distintos, desde o tradicional RP-1 (um hidrocarboneto semelhante ao querosene) ao peróxido de hidrogênio. A maioria deles oferece apenas voos de transporte de carga para o espaço – voar com pessoas é um ramo de negócios muito mais difícil. Em termos de tamanho, esses foguetes são todos menores do que o *Falcon 9*, da *SpaceX*, ou que o planejado *New Glenn*, da *Blue Origin*. Enquanto um

Falcon 9 pode em tese carregar até 23,6 toneladas de carga útil para órbita baixa, muitos dos demais foguetes são projetados para cargas úteis de apenas algumas centenas de quilos – que é a massa de um único satélite pequeno. Com esses foguetes menores, que só podem ser usados para um único satélite, abre-se uma segmentação de mercado na qual é possível comparar um *Falcon 9* da *SpaceX* como se fosse um jato jumbo, e um foguete *Electron* do *Rocket Lab* um jato particular: mesmo um *Electron* sendo muito mais caro por quilograma do que um *Falcon 9*, ele pode colocar o satélite do cliente exatamente na órbita desejada e decolar com flexibilidade, quase quando o cliente quiser, pois não depende da programação de outros usuários do mesmo foguete.

Essas empresas de foguetes existem agora em todo o mundo. É claro que muitas estão baseadas nos EUA, mas também há startups, por exemplo, na Austrália, China, Índia, Grã-Bretanha, França e muitos outros países.

Outro aspecto que vale a pena observar nas muitas startups de construção de foguetes é, obviamente, o respectivo status do seu trabalho de desenvolvimento (que depende muito do status do financiamento, o que não chega a surpreender). Dentre as mais de cem empresas mencionadas, pelo menos no momento da publicação deste livro, com exceção da *SpaceX*, apenas a neozelandesa-americana *Rocket Lab*, a americana *Virgin Orbit* e a americana *Astra* (esta última, quase!) entraram em órbita. Em breve, mais empresas de foguetes se juntarão ao exclusivo clube de empresas privadas cujos foguetes chegaram em órbita como, por exemplo, a *Firefly* do Texas e *Relativity Space* da Califórnia. Esta última recebeu 650 milhões de dólares em uma rodada de financiamento em 2021. Os investidores gostam dos planos da empresa de usar a impressão 3D para produzir a maioria de seus foguetes. Isso permite, por exemplo, que o diâmetro do foguete seja alterado de forma rápida e flexível, o que é difícil em processos normais de produção. Mas não apenas a *Relativity* foi bem sucedida ao levantar capital: *Astra* e *Rocket Lab* anunciaram fusões com SPACs no início de 2021. Outra empresa americana de foguetes, a ABL, levantou 170 milhões de dólares em capital privado, também no início de 2021.

É compreensível que todas as empresas de foguetes tenham em comum – independentemente de como busquem seu objetivo tecnológico – o fato de se concentrarem em grupos de clientes existentes ou potenciais. São principalmente empresas de comunicações por satélite ou de sensoriamento remoto, clientes governamentais (incluindo agências espaciais e militares) e algumas empresas de turismo espacial. Se realmente colonizarmos Marte no futuro, seria desejável que os foguetes fossem muito mais rápidos, por exemplo, movidos a energia nuclear ou por formas ainda mais exóticas de propulsão. No entanto, essa demanda está tão distante, que quase nenhuma empresa se especializou nela até o momento. O desenvolvimento dessas novas tecnologias provavelmente ficará a cargo de instituições governamentais.

Apesar da demanda existente, o ramo de lançamento de foguetes não é fácil e promete tudo, menos lucros seguros. Nos EUA, já existem várias empresas falidas, como a *Vector* ou a *Xcor*. A *Vector* até tinha o renomado fundo de capital de risco do Vale do Silício, *Sequoia*, como seu principal investidor – mas aqui também vemos que ninguém é infalível, e que o negócio espacial é altamente especializado e difícil. Há agora outro desafio para as inúmeras novas empresas de lançamento de foguetes, que pode representar uma ameaça à existência de algumas. A *SpaceX* começou a oferecer o serviço de *Rideshare* (compartilhamento) que pode receber satélites menores com vários clientes ao mesmo tempo (para quem um grande lançador, como o *Falcon 9*, não vale a pena usar sozinho). Já é comum hoje transportar clientes menores junto com o cliente principal de grande porte. A desvantagem para os clientes menores até o momento é que eles dependem da programação e, em alguns casos, também da órbita-alvo do cliente principal. No entanto, com o novo programa *Rideshare*, a *SpaceX* oferece calendários regulares de lançamento para que os clientes saibam com exatidão quando é possível decolar. Isso mina o principal argumento de venda das pequenas empresas de foguetes, que ofereceram ao cliente flexibilidade exclusiva. Para alguns foguetes pequenos, continuará a haver uma razão de ser, já que alguns clientes não podem prescindir do voo para uma órbita específica – missões militares urgentes, por exemplo, ou a rápida substituição de satélites que falharam. Também é concebível que alguns países, por razões estratégicas, insistam na capacidade de foguetes domésticos em vez de depender de empresas estrangeiras. Todo o mercado para as pequenas empresas alternativas de foguetes certamente encolherá muito mais do que se imaginava ser possível. Das mais de cem empresas iniciantes, apenas algumas delas conseguirão sobreviver.

Mas quem tiver sucesso na montagem de sua própria empresa de foguetes, poderá estar trabalhando em um dos ramos mais fascinantes que existe – quem não gostaria de olhar pela janela e ver seu produto voar para o espaço?

CAPÍTULO 4

Construção de satélites

"O mito se tornou realidade: a gravidade da Terra foi derrotada."

(Manchete do jornal francês Le Figaro em 7 de outubro de 1957, após o lançamento do primeiro satélite)

Mais de 11 mil objetos já foram atirados por nós, humanos, no espaço[40]. Esse número inclui, além de todos os foguetes, o maior objeto que o homem já construíra no espaço, a ISS. Apenas cerca de 3 mil desses objetos estão ativos atualmente e, com exceção da ISS, todos são satélites. A palavra satélite deriva do latim *satelles*, que significa algo como "companheiro"[41]. É por isso que também as luas são designadas como satélites; ou seja, como satélites naturais em contraste com os artificiais que nós, humanos, construímos. O que todos os satélites, naturais e artificiais, têm em comum é o fato de estarem em órbitas ao redor da Terra (ou outro corpo celeste), onde são limitados pela gravidade em queda livre permanente. Para entender a queda livre permanente, podemos recorrer a um experimento mental de Sir Isaac Newton. Imaginemos que uma bala de canhão disparasse de uma montanha. Mesmo sem a fricção do ar, a força da gravidade atuaria constantemente na bola e curvaria sua trajetória para baixo até que esta finalmente caísse no chão. Com um canhão mais forte, a velocidade da bola aumenta, e ela voa ainda mais longe. Se alguém (teoricamente) tivesse um canhão ilimitadamente poderoso, a curvatura da trajetória da bola de canhão criada pela gravidade seria a mesma que a curvatura da Terra e ela nunca cairia no solo novamente – ela se tornaria o satélite da Terra (como dissemos, sob a condição teórica de que não haja atrito de ar). Foi exatamente uma tal queda livre permanente que o satélite soviético *Sputnik*, uma bola de metal com cerca de 60 centímetros de diâmetro, atingiu em outubro de 1957.

A designação mais genérica para objetos no espaço, que também inclui aqueles que não estão em uma órbita permanente, é o de nave espacial, ou espaçonave. Neste capítulo, trato principalmente de satélites porque eles representam, de longe, o maior número de espaçonaves – mas muito do que se seguirá também pode ser aplicado a espaçonaves em geral.

Como veremos, já existem projetos para os quais serão necessários dezenas de milhares de satélites nos próximos anos, principalmente nos modelos de negócios na comunicação por satélite e na observação da Terra. Além disso, os satélites oferecidos muitas vezes são projetados para uma vida útil de apenas cinco a sete anos, uma vez que para esse intervalo de tempo são esperados avanços técnicos que tornam desejável a substituição do satélite, a fim de evitar que este não carregue nenhuma carga útil obsoleta (por exemplo, sensores ou rádios). Desta forma, poderíamos esperar uma demanda permanentemente alta por satélites. Eis o ramo de negócio que abordaremos neste capítulo.

Há satélites de todos os tamanhos. Tradicionalmente, muitos satélites, por exemplo aqueles que nos trazem sinais de TV, são bastante grandes e pesados, regulando de tamanho com um micro-ônibus e pesando várias toneladas. Os satélites que virão nos próximos anos pertencem principalmente à classe dos pequenos satélites (em inglês, *smallsats*), que pesam até algumas centenas de quilos e muitas vezes são tão grandes quanto uma geladeira. Mas também há menores: os *cubosats*, já mencionados no primeiro capítulo, são formados por um ou mais cubos com um comprimento de borda padronizado de dez centímetros. Cada cubo pesa cerca de um quilo. Os *picosats* são ainda menores, pesando entre cem gramas e um quilo, os *femtosats* têm menos de cem gramas, e os menores satélites podem ser do tamanho de microchips. É claro que o tamanho depende do uso pretendido, da massa e do consumo de energia necessários. Obviamente um satélite do tamanho de um microchip tem menos a oferecer do que um do tamanho de uma geladeira.

Quase todos os satélites são formados por alguns componentes básicos. Sendo assim, é necessário pelo menos uma fonte de energia (por exemplo, painéis solares) e um rádio para receber e transmitir dados. Um sistema de propulsão também é fundamental para a maioria dos satélites, para que possam alcançar e manter a posição desejada, evitar possíveis colisões e abandonar novamente sua posição ao final de suas vidas. Devido às crescentes preocupações com o lixo espacial (ao qual dedico aqui um capítulo separado), algumas agências governamentais estão até considerando tornar obrigatório um sistema de propulsão para satélites acima de uma certa altura de órbita. Também fazem parte do equipamento básico sensores para reconhecer sua própria posição e movimento. Outro elemento fundamental é o controle térmico, pois os componentes do satélite em órbita estão expostos a grandes oscilações de temperatura, dependendo de sua posição em relação ao sol. Contudo, o coração de cada satélite é sua carga útil (*payload*), da qual ele necessita para cumprir sua missão. No caso dos satélites de comunicação, essa carga útil é composta pelos dispositivos de transmissão e recepção; já nos satélites de observação da Terra ou de pesquisa, pelas câmeras e outros tipos de sensores. E, finalmente, há a estrutura básica à qual todos os outros componentes estão ligados e que, sem a carga útil como um todo, costuma ser chamada de *bus*, ou plataforma de serviço.

Vários construtores de satélites e fabricantes de componentes se especializam de maneiras diferentes ao longo de todas essas categorias; por exemplo, de acordo com o tamanho, subsistemas ou tipo de carga útil. Outra divisão das empresas envolvidas é a dos chamados integradores de sistemas e fabricantes de componentes. Os primeiros montam o satélite acabado a partir dos componentes fabricados pelo segundo.

Alguns integradores de sistema também fabricam certos – ou mesmo todos os – componentes nas próprias empresas que, assim, são integrados verticalmente. As empresas também costumam oferecer uma variedade de plataformas completas, nos quais apenas a carga útil do cliente deve ser acoplada.

Grandes empresas aeroespaciais tradicionais, como *Airbus* ou *Thales Alenia Space*, geralmente montam grandes satélites, além de fabricarem muitos dos próprios subsistemas. Uma vez que, para os próximos anos, é esperada uma maior demanda por satélites menores, já existem várias empresas relativamente novas neste campo produzindo este tipo de satélite. Dentre elas estão, por exemplo, as empresas de capital aberto *AAC Clyde Space* e *GomSpace,* na Suécia, a americana *Tyvak* e a *NanoAvionics,* da Lituânia. A alemã OHB, também de capital aberto e com sede em Bremen, fabrica satélites grandes e pequenos por meio de várias subsidiárias. Assim, quem tiver uma ideia de negócio para uma constelação de satélites, pode teoricamente ter seus satélites construídos por essas empresas e focar em seu principal valor agregado, geralmente o desenvolvimento de uma carga útil especial. No entanto, não são poucas as startups que alegam que a construção de satélites para aplicações específicas é uma parte importante da cadeia de valor, preferindo integrar seus satélites internamente. É o que fazem os meteorologistas da *Spire,* a empresa de observação da Terra *Planet* e a alemã *Ororatech,* que pretendem detectar incêndios florestais, por exemplo. Na prática, isso geralmente significa que essas empresas montam seus satélites internamente, mas ainda compram de terceiros muitos dos componentes – afinal, nem sempre é possível reinventar a roda. Mas há também casos extremos na produção; por exemplo, a *SpaceX* parece fabricar internamente seus satélites de comunicação *Starlink* quase por completo, incluindo um sistema de propulsão. As vantagens desta integração vertical total são: a possibilidade de se construir exatamente o que se deseja, de que tudo se sincronize por conta própria e a independência de fornecedores. É claro que isso também facilita muito a produção em massa desses satélites.

Os fabricantes de satélites de integração vertical geralmente não estão disponíveis como clientes para fabricantes de subsistemas correspondentes; mesmo assim os mercados ainda podem ser grandes o suficiente, principalmente se o subsistema for caro. Por exemplo, o preço de um sistema de propulsão elétrica, mesmo para a *Smallsats*, pode facilmente estar na faixa de seis dígitos de dólar. Se alguém conseguir vender 500 desses sistemas de acionamento por ano, por uma média de 200.000 dólares, terá um faturamento de cem milhões de dólares /ano. Tendo em vista este potencial de mercado, existem hoje muitas startups de sistemas de acionamento de satélites com as mais variadas especializações: de *cubosats* a grandes satélites, tanto de acionamento elétrico quanto químico, etc. O mesmo vale para painéis solares e rádios de comunicação.

Uma característica da atual indústria de satélites que chama a atenção é que a maioria dos locais de produção de satélites ainda se localizam em países caros e bastante desenvolvidos. Isso certamente se deve a razões históricas. No entanto, se tomarmos como exemplos outros produtos altamente desenvolvidos, como laptops ou telefones celulares, então não causaria surpresa se, em um futuro próximo, ao menos uma parte da produção em massa dos satélites fosse realocada para outras partes do mundo. Já podemos ver exemplos disso na Europa, como a empresa *Nanoavionics*, localizada na Lituânia. Por outro lado, não é de se esperar que, no futuro, todos os satélites sejam produzidos na China - por razões de segurança nacional e preocupações com a exportação de tecnologias importantes, é bastante improvável que isso ocorra. O exemplo da empresa taiwanesa *Foxconn*, que fabrica muitos dos produtos da Apple, nos lembra que essa possibilidade não deve ser totalmente descartada. O fundador da *Foxconn*, Terry Gou, teria agora uma fortuna de quase 6 bilhões de dólares, o que é muito, mesmo que obviamente existam muito mais computadores e telefones celulares do que satélites.

Quem decidir entrar no negócio de satélites e seus

componentes de satélites irá se beneficiar de um grande mercado já existente e, provavelmente, de um significativo aumento na demanda. Hoje em dia, com o *boom* inicial do setor espacial, vender satélites é um pouco como vender pás durante a corrida do ouro. Por outro lado, este fato já é relativamente conhecido e, portanto, a competição já é acirrada. Mas sempre deverá existir mercado para ideias inovadoras!

CAPÍTULO 5

Observação da Terra

"Olhe-se no espelho, e não tenha medo de perceber o quanto é bonita."

(Yoko Ono[42])

O que pneus de carro, buracos e lápides têm em comum? Não, não estamos falando das causas ou do final trágico de um grave acidente de trânsito. Com a tecnologia moderna de satélites, é possível identificar todos esses objetos na superfície terrestre e, se necessário, também contá-los. Segundo uma lista elaborada pela empresa de observação terrestre *Picterra*, é possível ainda identificar outros elementos: girassóis, coqueiros (e muitas outras plantas), vacas, pelicanos, elefantes (e vários outros animais), montes de feno, chaminés, trampolins, posições de atiradores de elite e muito mais. Isso deixa claro que, do espaço, podemos ver tudo. E certamente podemos deduzir a infinidade de usos que essas informações oferecem.

Essa atividade espacial é chamada de observação da Terra (*Earth Observation*) ou, de modo mais geral, sensoriamento remoto (*Remote Sensing*) – hoje em dia, a observação se aplica principalmente à Terra mas, em tese, também se poderia olhar para a Lua, Marte, um asteróide ou outros objetos celestes. A observação da Terra é um dos negócios espaciais com mais startups; agora elas são centenas. Há uma razão simples para isso: ao contrário de alguns outros modelos de negócios espaciais que parecem excitantes, porém distantes, hoje já existem aplicações úteis para muitos dados de observação da Terra. E com essas aplicações, surgem os clientes pagantes. Com a perspectiva de clientes pagantes, também podem surgir investidores interessados.

Para a observação da Terra, satélites com sensores adequados são imprescindíveis. Podem ser câmeras óticas simples, mas também tecnologias mais complexas como, por exemplo, câmeras hiperespectrais, sensores infravermelhos ou radares. O que determina quais sensores são necessários é o uso final desejado; por exemplo, sensores infravermelhos são necessários para monitorar as emissões de calor dos edifícios (isso é feito, por exemplo, pela startup britânica *SatelliteVu*). Os sensores são carregados em um satélite como *payload* (carga útil), que as empresas de observação da Terra desenvolvem e montam elas mesmas, ou compram como uma plataforma acabada de uma empresa de satélite (ver o capítulo "Construção de satélites"). Os satélites precisam necessariamente de um sistema de comunicação, já que queremos que os dados de observação coletados retornem à Terra, além de painéis solares como fonte de energia e, eventualmente, seu próprio sistema de propulsão. Um satélite de observação da Terra não precisa ser grande: as conhecidas empresas de observação da Terra *Planet* e *Spire*, por exemplo, trabalham principalmente com os chamados tamanhos 3U (vale lembrar: 1U é um cubo com uma aresta de dez centímetros), que pesam alguns quilos. Uma hipótese é que, na outra extremidade desse grande espectro, existam satélites de reconhecimento militar secretos que pesam várias toneladas[43].

Atualmente, os satélites de observação da Terra são posicionados, em sua maioria, em uma órbita baixa da Terra, o que proporciona uma melhor resolução das imagens. Podemos então perguntar: por que não usar drones aéreos, que voam muito mais próximos da superfície terrestre? Na verdade, drones são mais indicados para alguns usos específicos; por exemplo, quando é o caso de se examinar mais de perto oleodutos, trilhos de trem ou linhas de energia. Mas é claro que drones também têm desvantagens óbvias, e os regulamentos sobre seu uso têm se tornado cada vez mais rígidos na maioria dos países. Eles também não são indicados para muitas operações militares — não é aconselhável, por exemplo, o uso de drones estrangeiros no espaço aéreo norte-coreano. No entanto, a resolução está cada vez melhor, mesmo em imagens do espaço: existem agora modelos que oferecem resoluções de menos de cinquenta centímetros (ou seja, já é possível identificar nas imagens objetos com menos de cinquenta centímetros de tamanho). Mas o uso de órbitas baixas também significa que um satélite sempre poderá observar apenas uma área limitada da superfície terrestre abaixo dele – e que, por sua vez, se modifica constantemente, uma vez que satélites em órbitas baixas podem se movimentar muito mais rápido do que a Terra. Uma circunavegação da Terra a uma altitude de 400 quilômetros dura cerca de 90 minutos – em outras palavras: um único satélite que esteja posicionado a essa altitude sobrevoa a mesma área da superfície terrestre em, no máximo, 90 minutos (se estiver numa órbita equatorial; em outras órbitas levaria mais tempo). Isso também é chamado de resolução temporal, em oposição à resolução espacial. Um satélite em uma órbita geoestacionária pode observar de forma permanente a mesma área da superfície terrestre porque, em sua altitude, ele se move na mesma velocidade da Terra. Ele tem, portanto, a melhor resolução temporal possível para essa área e a pior possível para todas as outras regiões, uma vez que estas nunca entram em seu campo de observação. No entanto, um satélite geoestacionário a uma altitude de 36.000 quilômetros encontra-se tão distante, que a resolução espacial não é boa. Por outro lado, um satélite que se encontra em órbita baixa tem uma boa resolução espacial, mas não uma boa resolução temporal. Se pretendemos ter uma resolução espacial tão boa quanto uma temporal; nesse caso, a melhor solução seria utilizarmos uma constelação de satélites em órbita baixa. Por exemplo, se seis satélites voarem ao redor da Terra na mesma órbita equatorial e na mesma distância um do outro, a uma altitude de 400 quilômetros, então cada área abaixo da órbita do satélite será sobrevoada por um dos seis satélites não apenas a cada noventa minutos, mas sim a cada quinze. É justamente essa a estratégia empregada pela maioria das mais novas empresas de observação terrestre; a Planet, por exemplo, possui cerca de 150 satélites em diferentes órbitas baixas[44].

Os dados reunidos pelos sensores de satélites de observação terrestre devem ser reenviados à Terra – é aqui que as telecomunicações por satélite entram em jogo. Na época dos primeiros satélites de reconhecimento, o funcionamento se dava de outra forma, pois não havia fotos digitais. Esses primeiros satélites, nos anos 1960, tiravam suas fotos a cerca de cem milhas de altura com um filme Kodak de 70 mm. Quando o filme acabava, o satélite o lançava de volta à terra dentro de uma cápsula especial. A cápsula era então recolhida por aeronaves militares a cerca de 5 quilômetros de altitude[45]. Até hoje a remissão de dados à Terra ainda é problemática. Devido à capacidade reduzida de transmissão, uma grande parte dos dados coletados se perde. Algumas startups do setor de comunicação por satélite já estão trabalhando para solucionar esse problema.

A etapa seguinte geralmente consiste em traduzir os dados recebidos em um formato útil e acessível. Quem, por exemplo, estiver interessado no número de carros em estacionamentos de shopping centers, deseja os números e não (apenas) as fotos dos estacionamentos. Isso é válido especialmente quando os dados de satélite não fornecem fotos facilmente reconhecíveis ao olho humano mas, por exemplo, dados de radar. Durante os boletins meteorológicos, os meteorologistas também nos explicam imagens de satélite. Às vezes, esse processamento de dados é feito pela mesma empresa que opera os satélites – falamos, nesse caso, de uma empresa de observação da Terra verticalmente integrada. Em outros casos, existem empresas que se especializam somente neste processamento de dados, comprando os dados puros dos operadores de satélite (ou até os obtêm parcialmente de forma gratuita; por exemplo, no caso de alguns satélites públicos). O último tipo de empresa é chamado *downstream* em inglês.

Quais são os usos e quem são os clientes dos dados de

observação da Terra? A maioria de nós viu as imagens de satélite pela primeira vez em uma previsão do tempo. Previsões do tempo de fato representam um dos usos inaugurais de satélites – o primeiro satélite meteorológico, o americano TIROS 1, foi ao espaço já em abril de 1960. O clima tem tamanha importância para grande parte da economia – por exemplo, para a agricultura e o turismo – que a previsão meteorológica continua sendo uma aplicação importante da observação da Terra até hoje. Uma das startups mais famosas no espaço, a *Spire*, está exclusivamente focada nisso. O uso para fins de segurança nacional sempre existiu e continuará existindo – como vimos acima, os satélites de reconhecimento já existiam na década de 1960. Atualmente, até mesmo satélites privados podem fazer esse trabalho de reconhecimento. Quando, em janeiro de 2020, o Irã lançou um ataque com míssil à base da força aérea americana Al-Asad, a empresa *Planet* publicou no dia seguinte imagens de satélite nas quais os danos podiam ser nitidamente reconhecidos. A agricultura também vem usando cada vez mais imagens de satélite para monitorar a situação dos campos cultivados. Os fundos financeiros também foram os primeiros clientes de fornecedores privados de imagens de satélite, porque perceberam o potencial de serem usados como parte de pesquisas de investimento. É possível, por exemplo, olhar para o número de carros nos estacionamentos de grandes varejistas para deduzir o número de frequentadores e, portanto, de vendas. Esse tipo de dados é o negócio da empresa americana *Orbital Insight*. As seguradoras podem usar dados de observação da Terra para calcular os riscos assegurados (por exemplo, o risco de perda de safra na agricultura), ou para estimar os prejuízos após a ocorrência de um dano (por exemplo, a destruição de edifícios após uma catástrofe natural).

Esse tipo de uso tem um valor claro para os clientes, que geralmente pagam pelos dados do satélite na forma de um pacote, mas às vezes também de projeto. Como esse mercado já existe – não precisamos mais, portanto, esperar por muitos anos como em outros subsetores das viagens espaciais – a observação da Terra é um modelo de negócio popular entre empreendedores e investidores, e é por isso que já existem muitas empresas atuando nesse ramo. Elas podem ser categorizadas de diferentes maneiras. Como já foi mencionado, existem, por um lado empresas verticalmente integradas que operam os seus próprios satélites e, por outro lado, empresas *downstream* que compram dados de terceiros e que se concentram exclusivamente na análise. As empresas *downstream* são significativamente menos intensivas em capital porque não é necessário capital de investimento para construir os satélites e lançá-los ao espaço, o que poderia facilmente chegar a um milhão de dólares. Outras subdivisões se baseiam na finalidade ou na tecnologia de sensor usada; por exemplo, câmeras óticas ou radar. Empresas pioneiras como a *Planet* (integrado), *Spire* (integrado) e *Orbital Insight* (*downstream*), todas com sede nos EUA, existem pelo menos desde 2013 e já receberam muito capital de financiadores – no caso da *Orbital Insight*, por exemplo, cerca de 130 milhões de dólares. Em 2021, a *Planet*, a *Spire* e a *Satellogic* anunciaram suas fusões com SPACs, levantando centenas de milhões a mais em capital. Na Europa, já existem muitas empresas de observação da Terra. A empresa finlandesa integrada verticalmente *Iceye* usa radares e já levantou mais de 65 milhões de dólares de investidores. Em um estágio muito anterior está a *Ororatech*, sediada em Munique e com planos de construir seus próprios satélites para a detecção precoce de incêndios florestais. A britânica *CyStellar* tem como objetivo avaliar os riscos e detectar danos, especialmente para clientes de seguros. A *WeGaw*, uma empresa de *downstream* em Lausanne, analisa imagens de satélite para identificar automaticamente onde há uma área coberta de neve. Isso é útil, entre outras coisas, para operadores de usinas hidrelétricas. Já mencionei, no início do capítulo, a *Picterra*, também de Lausanne. Essa empresa *downstream* consegue identificar todos os tipos de objetos em imagens de satélite.

Atualmente, existem tantas empresas iniciantes de observação da Terra, que não conseguiremos fazer justiça a todas elas.

A observação da Terra é um excelente exemplo do quanto se tornou muito mais fácil e barato usar o espaço. Mesmo se alguém quisesse lançar seu próprio satélite, este projeto custaria apenas uma fração do valor que seria gasto dez anos atrás – no caso de um *Cubesat*, talvez apenas algumas centenas de milhares de dólares, incluindo o voo do foguete. A possibilidade de usar dados de satélite de terceiros – em parte gratuitamente no caso de satélites públicos – viabiliza para as empresas de observação da Terra um início ainda menos intensivo de capital. Quem tiver uma boa ideia, que venha ao encontro da demanda real, pode rapidamente entrar neste subsetor espacial e, eventualmente, gerar vendas também muito rapidamente – é exatamente por isso que existem tantas startups.

Já é possível prever os próximos passos na observação da Terra. Assim, poderemos em breve obter vídeos de órbita, além de imagens estáticas. A startup britânica *Sen* está trabalhando nisso. O mundo em tempo real como um aplicativo no celular – em alguns anos, isso já poderá ser uma realidade para todos nós.

CAPÍTULO 6

Experimentos e produção

"Percebi a força da gravidade quando ainda era muito jovem."

(Cameron Diaz[46])

Quem é quase tão famoso quanto Yuri Gagarin, e quem já estava no espaço antes do primeiro cosmonauta? A indolente cadela moscovita Laika, na missão soviética Sputnik-2 em novembro de 1957[47]. Por um lado, Nikita Khrushchev queria apresentar rapidamente outro sucesso inovador da União Soviética no espaço depois do Sputnik 1, o primeiro satélite de todos os tempos. Por outro, queria-se entender o efeito do ambiente espacial sobre os seres vivos, é claro, já como preparação para voos com humanos. Experimentos no espaço são quase tão antigos quanto as viagens espaciais em si, que começaram em 1944 com o primeiro voo a mais de 100 quilômetros acima do nível do mar. Neste capítulo, abordaremos em primeiro lugar os experimentos que esclarecem sobre as condições específicas no espaço e, em seguida, como essas condições podem ser usadas na fabricação de certos produtos no espaço.

Ainda que Laika seja o animal mais famoso do espaço, os americanos já haviam mandado para lá moscas, em 1947, e o macaco-rhesus Albert em, 1948 – ambos em foguetes V2 – a fim de pesquisar o efeito da radiação no espaço sobre os seres vivos, entre outras coisas. Depois de Albert e Laika, muitos outros animais viriam a protagonizar jornadas espaciais ao longo dos anos. A primeira e única gata no espaço foi injustamente esquecida: em 1963, Félicette voou suborbitalmente no espaço durante quinze minutos[48], em um foguete francês e, ao contrário de Laika, voltou com vida. Hoje, os animais fazem parte da rotina da Estação Espacial Internacional (ISS), de minhocas a borboletas e peixes-zebra[49]. No espectro dos tamanhos inferiores, há muitos micróbios na ISS, e nem tudo que rasteja e voa foi levado intencionalmente para experimentos. Mas isso não vem ao caso. No extremo oposto, no espectro dos tamanhos grandes, até agora se evitou levar ao espaço gorilas, girafas, elefantes e outros animais de tamanhos semelhantes, o que não deveria surpreender ninguém. Os maiores seres vivos, com os quais a maioria dos experimentos foram realizados, ainda somos nós, humanos.

A pesquisa sobre os efeitos do ambiente espacial em nosso corpo (e em nossa psique) segue ininterruptamente. Isso também é necessário se temos ambições de, em algum momento, ter uma presença humana mais constante e maior no espaço. Duas das características mais importantes do ambiente espacial são a radiação e a gravidade zero. Nos capítulos "Habitats no Espaço" e "Lua e Marte", falarei mais detalhadamente sobre elas, sobretudo sobre seus efeitos potencialmente perigosos no corpo humano.

No entanto, a ausência de gravidade também tem seu lado positivo, pois nos permite fazer experimentos que dificilmente faríamos na Terra, já que quase sempre estamos expostos à gravidade aqui. Como sabemos desde Sir Isaac Newton, os objetos (incluindo nossos próprios corpos) na superfície da Terra aceleram a 9,81 metros/segundo[50] em direção ao centro da Terra. Essa magnitude da gravidade na Terra também é conhecida como 1g e é maior do que, por exemplo, na Lua (0,166 g) ou em Marte (0,376 g). Como nós, humanos, temos massa, exercemos uma força (de acordo com a segunda lei de Newton) e, quando estamos no chão, uma força de mesma magnitude atua na direção oposta (terceira lei de Newton), de modo que sentimos nosso peso. Mas, quando não temos mais chão sob os pés – por exemplo, em um salto de pára-quedas de um avião – não sentimos mais esse peso (além do atrito do ar). Estamos então em queda livre e experimentamos a (quase) ausência de peso. O mesmo aconteceria, por exemplo, se estivéssemos em um elevador e o cabo se rompesse. Então, o piso do elevador ainda estaria abaixo de nós, mas cairia tão rapidamente quanto nós, de modo que não sentiríamos nosso próprio peso no referencial dentro da cabine. Felizmente, não precisamos despencar de um elevador para experimentar isso – o mesmo efeito ocorre em brinquedos de parques de diversões, nos quais os passageiros são elevados em uma torre e depois largados (e, claro, freados novamente). Tudo o que se encontra no quadro de referência dos passageiros – assento, cinto, etc. – cai tão rapidamente quanto eles, e é por isso que se sentem livres de gravidade. Exatamente o mesmo efeito ocorre em uma espaçonave em órbita (como a ISS): os astronautas estão em queda livre permanente, assim como a própria espaçonave e tudo o que está dentro dela.

Torres de queda semelhantes às dos parques de diversões são usadas para fins científicos, por exemplo, desde 1990 na Universidade de Bremen. Na torre de quase 150 metros de altura do Centro de Tecnologia Espacial Aplicada e Microgravidade (*Zentrum für angewandte Raumfahrttechnologie und Mikrogravitation*, ZARM), nenhum passageiro pode sofrer queda livre, mas tão somente objetos científicos a serem examinados por quase cinco segundos[51]. O tubo de descida é até mesmo bombeado para eliminar a fricção do ar. Esta é a primeira maneira pela qual podemos fazer experiências com gravidade zero na Terra. Se precisarmos de um pouco mais que cinco segundos (e / ou mais espaço) para um experimento, então a segunda variante, os chamados voos parabólicos, é a mais adequada. Como o nome sugere, um avião voa repetidamente em uma parábola. Na "ponta" da parábola (ou seja, entre a subida e a descida), ficamos por cerca de trinta segundos sem gravidade. A NASA realiza esses voos em seu próprio jato para treinar astronautas para a ausência de peso. Os voos parabólicos, também conhecidos como voos de gravidade zero, agora também são oferecidos por várias empresas privadas para fins científicos e de lazer. Por exemplo, na *American Zero Gravity Corporation* ou na *French Air Zero G*, é possível voar em jatos especialmente convertidos por cerca de 6.000 dólares. Quem precisar de mais tempo para seus experimentos (ou seu prazer privado!), entrará no jogo da viagem espacial. Os voos de foguetes suborbitais (sobre os quais falaremos no capítulo sobre turismo espacial) que empresas como a *Blue Origin* e a *Virgin Galactic* oferecem aos passageiros cerca de cinco minutos de gravidade zero. Esses voos já são muito mais caros, custando 450.000 dólares por pessoa (originalmente custavam 250.000 dólares) na *Virgin Galactic*. Também aqui é difícil reconfigurar um experimento durante o voo, especialmente se os próprios pesquisadores não estiverem voando com eles. Com voos parabólicos, existe a oportunidade de fazer isso durante os vários voos de subida e descida, como se houvesse "torres" entre as quedas individuais.

Se precisarmos de muito mais tempo na gravidade zero, teremos que entrar em queda livre permanente, que encontramos na órbita terrestre. Lá, existe um lugar há algum tempo, cujo objetivo principal são os experimentos: a Estação Espacial Internacional (ISS). Ela orbita a Terra a cada noventa minutos a uma altitude de cerca de 400 quilômetros. A velocidade com que a ISS está em queda livre constante ao redor da Terra nesta órbita – quase 28.000 quilômetros por hora – é tão alta que a força centrífuga gerada por ela compensa quase totalmente a gravidade da Terra (embora a gravidade da Terra, no ponto mais alto da ISS, ainda tenha noventa por cento da gravidade na superfície da Terra). Se quisermos nos expressar de forma cientificamente correta, o estado na ISS é chamado de microgravidade em vez de completa ausência de peso. No entanto, isso é amplamente suficiente para experimentos – e estes são realizados constantemente na ISS. Existem experimentos em todos os tipos de ciências, de diferentes países e tanto do setor público quanto do privado. O material para isso é trazido de cápsulas que regularmente se atracam à ISS para levar suprimentos de bens essenciais, assim como astronautas. Os experimentos, então, ocorrem em um dos armários embutidos especiais da ISS, onde operam de forma completamente autônoma, ou são monitorados e supervisionados pelos pesquisadores na Terra ou pela tripulação presente. Ora os resultados desejados são simplesmente medições que podem ser transferidas como arquivos, ora os pesquisadores na Terra querem receber de volta seus materiais do espaço para análise em algum momento – no último caso, eles são enviados de volta para a Terra em uma das cápsulas que trafegam regularmente por lá. Em 2020, foi adicionado à ISS um módulo privado, no qual também podem ser realizados experimentos. A plataforma Bartolomeo da *Airbus* tem o nome do irmão mais novo de Cristóvão Colombo[52], o que é adequado, já que ela está acoplada ao módulo europeu Colombo da ISS. Os experimentos também podem ser trazidos de e para a ISS em todos os voos regulares. Módulos de experimentos podem ter tamanhos tão pequenos quanto 3U (30 cm x 10 cm x 10 cm). A ISS não será o único laboratório no espaço a longo prazo. Várias empresas, como a americana *Sierra Nevada*, estão trabalhando nas chamadas espaçonaves *free-flyer*, que entram em órbita sem atracar junto à ISS e realizam os experimentos a bordo, em vez de fazê-los na própria ISS. A cápsula *SpaceX Dragon* também pode, em tese, ser usada para tais fins.

Como uma empresa privada pode realizar tais experimentos no espaço? Existem agora várias empresas que cuidam de todo o processo, incluindo a reserva do voo do foguete, a burocracia necessária com a NASA ou outras agências espaciais, supervisão de astronauta dedicado ao experimento, se for o caso, a conexão de dados com o experimento e o eventual retorno dos objetos de investigação para a Terra. Essas empresas costumam oferecer módulos de experimentos padronizados que já foram aprovados para operação na ISS. Exemplos dessas empresas são a *Space Tango* nos EUA, a *Space Pharma* em Israel, a *Kayzer* na Itália e a *Yuri* na Alemanha. Na Yuri, é possível até reservar todos os tipos de experimentos de microgravidade, desde torres de lançamento a voos parabólicos para a ISS. Segundo a Yuri, uma missão à ISS com um pequeno módulo 1U (mil centímetros cúbicos) já é possível a partir de cerca de 100 mil euros.

Que tipo de experimentos são realizados na ISS? Há muita coisa acontecendo nas Biociências e nas ciências dos materiais. Aqui, por exemplo, tira-se vantagem do fato das células-tronco crescerem mais rápido na ausência de gravidade e de que cristais muito maiores e mais perfeitos podem ser nelas cultivados. Estes últimos poderiam ser usados, entre outras coisas, para produzir fibras de vidro uma qualidade superior [53]. Isso nos leva ao segundo tópico deste capítulo: a produção no espaço.

Por que alguém iria querer produzir alguma coisa no espaço? Isso não é muito caro? Já vimos a primeira razão: algumas coisas, como fibras de vidro puras, só podem ser produzidas sem gravidade. Em algum momento no futuro, poderemos até ser capazes de usar as células-tronco, que crescem rapidamente na ausência de gravidade, para desenvolver órgãos artificiais no espaço. Com os transplantes de órgãos custando cerca de seis dígitos[54] (pelo menos em alguns países), isso poderia fazer sentido do ponto de vista econômico, além de uma ajuda rápida para os enfermos, tão logo seja tecnicamente possível e aprovado pelas autoridades sanitárias. Esses são exemplos da produção de bens e material médico no espaço para uso posterior na Terra. Outra razão para produzir no espaço é o uso posterior no próprio espaço. Se em algum ponto quisermos construir assentamentos humanos no espaço profundo, incluindo a Lua ou mesmo Marte, a produção local será absolutamente necessária, pois o transporte da Terra seria muito demorado e caro. Isso afetará tudo, desde peças sobressalentes de máquinas a espaços residenciais, de células solares a medicamentos. Mesmo na ISS, seria extremamente útil hoje em dia poder produzir peças de reposição na estação, já que os voos de abastecimento só acontecem a cada três meses. Com essa ideia, a startup americana *Made In Space* (em parceria com a brasileira *Braskem*) transportou uma impressora 3D especial para a ISS, que produziu o primeiro objeto lá em junho de 2016, uma chave inglesa[55]. Para tanto, foi necessário levar a impressora 3D e a respectiva matéria-prima à ISS apenas uma vez. Agora, o equipamento pode imprimir todos os tipos de coisas – tudo o que ele precisa é de um arquivo com o design. Se o arquivo ainda não estiver na ISS, ele pode ser enviado via rádio na velocidade da luz, e mais barato, a partir da Terra. A impressão 3D pode, portanto, ser muito interessante para uso no espaço em geral. Neste sentido, a empresa *Made In Space* vem trabalhando no projeto *Archinaut*. Ela desenvolve satélites que levam impressoras 3D e matérias-primas a bordo e podem imprimir suas próprias peças no espaço – por exemplo, andaimes para sistemas de células solares ou antenas. A vantagem aqui é que a impressora e a matéria-prima nos foguetes podem ser embaladas juntas, e com muito mais eficiência do que os componentes acabados. A NASA achou isso tão interessante que apoiou o projeto *Archinaut* com um contrato de setenta e quatro milhões de dólares. A *Made in Space* (literalmente, "produzido no espaço") tem como missão principal a produção no espaço, e em torno disso giram todos os projetos da empresa sediada na Flórida. Isso também se estende à sua subsidiária na metrópole espacial europeia de Luxemburgo, que pretende desenvolver braços robóticos com capacidade espacial para as mais diversas finalidades. Luxemburgo apoia essa iniciativa com milhões via fundos. Todas essas atividades despertaram grande interesse em um fundo financeiro americano, que comprou todo o grupo *Made In Space* em junho de 2020. Mas há outras empresas que estão trabalhando em ideias semelhantes, como a startup britânica *Space Forge* e a americana *Varda*.

Uma outra ideia fundamental para a produção no espaço é a utilização dos recursos ali disponíveis (*In-Situ Resource Utilization* – ISRU), como por exemplo a areia que cobre grande parte da superfície lunar. Uma startup de Luxemburgo, a *Maana Electric*, está trabalhando em uma máquina que produzirá células solares apenas com a areia da Lua e eletricidade. A possível conexão da impressão 3D com a ISRU também parece lógica e promissora.

A longo prazo, espera-se que a chamada nanotecnologia, na qual os objetos são montados em nível atômico ou molecular também terá seu papel. Os átomos adequados para muitos propósitos são abundantes no espaço, mesmo em Marte. Lá existem os cinco elementos mais comuns na crosta: oxigênio, silício, ferro, alumínio e magnésio[56]. O carbono é abundante na atmosfera marciana, ligado às moléculas de dióxido de carbono. Com esses elementos, é possível produzir muito do que é necessário para nossa existência; por exemplo, ar respirável, combustível de foguete, chips de computador e materiais de construção.

Mas se nós, humanos, realmente temos a intenção de nos estabelecer fora da Terra, temos que aprender a produzir coisas cotidianas no espaço. No final de 2019, notícias vindas da ISS nos deram esperanças: quando chegou a época do Natal, a tripulação conseguiu assar cinco biscoitos de chocolate com o auxílio de um forno especial[57]. Provavelmente nunca cheirou tão bem na ISS. E é justamente de algo assim que vamos precisar se, no futuro, quisermos nos sentir à vontade no espaço!

CAPÍTULO 7

Comunicação por satélite

"Seria bom ter mais que zero empresas (de comunicação por satélite) na categoria de não-falidas."

(Elon Musk[58])

Talvez seja a aplicação espacial que conhecemos melhor: telhados repletos de antenas parabólicas fazem parte da paisagem urbana mundo afora, inclusive em países em desenvolvimento. Essas antenas em forma de tigelas captam sinais de TV que levam de dois a três décimos de segundo para cobrir uma distância de 36.000 quilômetros a partir do espaço. À essa altura acima da Terra, encontram-se grandes satélites de comunicações, como os da empresa luxemburguesa SES (mais conhecida pela marca *Astra*). Eles se localizam tão distantes da superfície terrestre (quase um décimo da distância da Lua), que a velocidade orbital nessa altitude é a mesma da rotação da Terra – o que significa que os satélites, nessa altitude, sempre ficam sobre a mesma região da Terra. É por isso que chamamos esses satélites de geoestacionários. Isso é relevante porque a antena parabólica doméstica deve estar sempre apontada para o satélite – se o satélite de TV estivesse em uma órbita mais baixa, ele voaria sobre nós regularmente, a antena teria que se mover continuamente para rastreá-lo, e ainda assim o satélite acabaria desaparecendo do campo de visão da antena. A TV por satélite é apenas uma das muitas aplicações na comunicação por satélite (que, a partir de agora, chamaremos de "*Satcom*"). Quais são essas aplicações é o assunto deste capítulo.

A principal vantagem da *Satcom* é que os sinais podem chegar a qualquer lugar da superfície terrestre. Isso nem sempre é possível com alternativas como torres de rádio e cabos. Assim, a *Satcom* é a única alternativa praticável para objetos móveis que percorrem grandes distâncias, como navios e aviões. O mesmo vale para regiões remotas, onde a expansão da infraestrutura de cabos e / ou torres de rádio não compensa economicamente. Como a *Satcom* ainda não é economicamente viável, pelo menos a preços módicos para o consumidor final, a consequência é que os preços de telefone e internet em navios e aviões são extremamente altos, e muitas regiões remotas simplesmente não estão conectadas. Mesmo no final de 2019, mais de três bilhões de pessoas, ou seja, mais de quarenta por cento da humanidade, não estavam conectadas à internet[59]. Graças à queda acentuada no custo do espaço e aos investimentos ambiciosos de alguns financistas muito ricos, isso pode mudar fundamentalmente.

Vários projetos gigantescos e muito recentes de satélites têm como meta fornecer comunicação de banda larga para todo o planeta – portanto, não se trata mais apenas de TV, como no passado. Em primeiro lugar está novamente a *SpaceX* de Elon Musk. A rede *Starlink* da empresa planeja usar 12.000 (podendo chegar até 42.000) *smallsats* para conectar todos nós. O projeto *Kuiper,* da Amazon, tem o mesmo objetivo e pretende atingi-lo com pouco mais de 3.000 satélites. Ambos os projetos não pretendem utilizar satélites geoestacionários, mas sim aqueles que voam em órbita baixa (LEO), ligeiramente superior à da ISS. Isto tem vantagens e desvantagens. Uma órbita mais baixa permite sinais muito mais rápidos: uma distância de, digamos, 500 em vez de 36.000 quilômetros, significa um tempo de transmissão de talvez vinte em vez de duzentos milissegundos. Para sinais de TV, isso realmente não faz diferença, uma vez que eles só correm em uma direção, e geralmente não percebemos um certo atraso (a não ser que você more perto de um estádio de futebol e ouve a celebração do gol vindo do estádio por uma fração de segundo antes da transmissão ao vivo do mesmo jogo na TV via satélite). Mas para tudo que envolve comunicação bidirecional (ou seja, que corre em ambas as direções), a chamada latência é importante; por exemplo, para a internet, para chamadas telefônicas, chamadas de vídeo e partidas de jogos online. A internet a bordo de aviões e navios também ficaria muito melhor com o uso dessas novas redes. Como já vimos no capítulo sobre a observação da Terra, são necessários mais satélites em órbita baixa para cobrir consistentemente a mesma região – é por isso que os projetos *SpaceX* e *Amazon* querem usar um número tão grande de satélites. Para se ter uma ideia, no momento existem apenas cerca de 3.000 satélites em atividade. O uso de constelações tão grandes apresenta vários desafios. Antes de mais nada, é preciso conseguir construir e lançar tantos satélites. Assim, talvez não seja surpreendente que os homens à frente dos dois principais projetos da *Satcom* também tenham acesso à capacidade de lançamento de foguetes: a *SpaceX,* internamente, e o projeto *Kuiper,* da *Amazon,* através da empresa-irmã *Blue Origin* (lembrando que o fundador e principal acionista da *Amazon*, Jeff Bezos, é o fundador e proprietário da *Blue Origin*). Dos pontos de vista prático e econômico, é desejável conectar todos os satélites entre si, o que pode ser conseguido na prática usando conexões de laser óptico – mas estas nunca foram usadas ou mesmo produzidas em larga escala. Além disso, é preciso coordenar a conexão entre os usuários finais na Terra e os satélites. Isso inclui a troca de um satélite para o próximo assim que o primeiro estiver fora do campo de visão do usuário, e o rastreamento dos satélites conforme eles voem rapidamente. Para estes últimos, são necessários terminais especiais de usuário final que realizem esse rastreamento automaticamente. Esses terminais ainda são muito caros, custando alguns milhares de dólares. Um preço tão alto, no entanto, impossibilita o uso em massa de tais redes de comunicação por satélite em órbita baixa (LEO-*Satcom*) na prática, especialmente nas regiões mais pobres do mundo – justamente onde as pessoas têm a conexão mais precária.

Principalmente por causa desses preços altos – incluindo o custo dos terminais – toda a primeira geração de redes LEO-

Satcom falhou no final da década de 1990. Naquela época, a ideia era a mesma – conectar todas as pessoas. Mas ainda era muito cedo para isso: assim como os lançamentos de foguetes, os satélites eram nessa época bem mais caros do que agora, e também não havia terminais de usuário final baratos, como os de hoje. Os serviços de rede continuaram sendo um produto de pequeno nicho, que apenas algumas poucas pessoas usavam quando realmente não havia alternativa; por exemplo, em expedições no Himalaia ou nas regiões polares. Deste modo, essas redes *Satcom* não conseguiram se manter e todas faliram relativamente rápido: nomes como *Iridium*, *Globalstar*, *Orbcomm* e *ICO*, a cujo fracasso se refere a citação de Elon Musk na introdução deste capítulo. Mas a citação também mostra que Musk está ciente do desafio e dos problemas. Em 2016, durante a inauguração da fábrica de satélites *SpaceX* em Seattle, Musk afirmou aos seus colaboradores que o custo dos terminais de usuário final tinha que ser reduzido para uma quantia em dólares de três dígitos. Ele e sua equipe da *SpaceX* vêm tentando reduzir os custos da rede *Starlink* o máximo possível em comparação com a geração anterior. A grande vantagem aqui é, de longe, o acesso à capacidade de lançamento de foguetes da própria empresa, mas a produção interna de satélites em linha de montagem também se mostra vantajosa. A *Amazon* fará o mesmo com o projeto *Kuiper*. Uma terceira concorrente, a inglesa *OneWeb*, já deu início à produção de satélites na linha de montagem de uma fábrica especialmente construída na Flórida, uma *joint venture* com a gigante da aviação e espaço *Airbus*. Mas também aqui ficou claro que construir uma grande rede LEO-*Satcom* continua sendo difícil, pois os recursos financeiros da *OneWeb* acabaram em março de 2020 e a empresa teve que pedir falência. Isso aconteceu depois que a *OneWeb* recebeu uma quantia superior à de três bilhões de dólares de vários investidores – construir essas redes continua tão caro quanto antes. A *SpaceX* espera um investimento total de 10 bilhões de dólares, apesar dos custos muito mais baixos de lançamento de foguetes, que representam uma grande parte do custo total.

Os investidores estavam e ainda estão dispostos a arriscar bilhões por esses projetos, já que o mercado potencial é muito, muito grande. Fazendo um cálculo muito simplificado e supondo que centenas de milhões de novos clientes da *Satcom* paguem em média dez dólares por mês, podemos chegar a um faturamento de trinta bilhões, número que Musk mencionou antes. Mas, como se sabe, o diabo se esconde nos detalhes: em primeiro lugar, é preciso encontrar esses clientes, mesmo no ambiente competitivo – por exemplo, com provedores de cabo e sem fio em todo o mundo, bem como com empresas geoestacionárias de *Satcom,* como a americana *Viasat.* Essa busca por clientes seguirá, em parte, o estabelecimento da rede, já que não é possível, de imediato, cobrir o mundo inteiro. Também é provável, como geralmente acontece com novas tecnologias, que se dê a largada com grupos de clientes que veem uma vantagem específica em seu uso e que por isso estão dispostos a pagar consideravelmente mais do que o preço médio de longo prazo esperado. Esses grupos de clientes poderiam eventualmente incluir os militares, mas também empresas financeiras para as quais a transferência de dados mais rápida é importante em operações globais de arbitragem financeira sensíveis ao tempo. É significativo o fato de a velocidade da luz nos cabos de fibra óptica ser cerca de um terço menor do que a velocidade da luz no vácuo do espaço – mas essa vantagem só pode ser usada se uma rede *Satcom* conectar seus satélites uns aos outros.

A banda larga para todos não é a única aplicação da *Satcom.* Outro subsetor, que tem agitado muitas startups e que já recebeu centenas de milhões em capital de investidores, é o monitoramento ou rastreamento de coisas, a chamada "internet das coisas" (*Internet of Things,* IoT). Nela, o objeto que se pretende monitorar é equipado com uma espécie de mini-rádio, que pode enviar mensagens curtas direta ou indiretamente aos satélites em órbita. Exemplos disso são o rastreamento de contêineres ou o monitoramento de turbinas eólicas em áreas remotas. Para tais aplicações de IoT / da "internet das coisas", são recomendáveis órbitas baixas, pois o consumo de energia dos mini-rádios (geralmente movidos a bateria) depende da distância até o satélite. Quanto mais regiões se pretende monitorar em mais intervalos, mais satélites serão necessários - assim como vimos no caso da observação da Terra - e é por isso que todas as empresas *IoT-Satcom* desejam operar constelações de satélites. Exemplos de empresas neste subsetor são a *American Swarm* (que foi comprada pela *SpaceX* em julho de 2021) e as empresas australianas *Fleet* e *Myriota*. Na Europa, temos a *Lacuna Space* na Inglaterra, *Kinéis* na França e *Astrocast* na Suíça. Outra aplicação da *Satcom* são as chamadas redes de retransmissão. A ideia aqui é que uma estação retransmissora (por exemplo, em órbita geoestacionária) reúna dados que não são muito críticos – por exemplo, de satélites de observação da Terra em órbitas baixas – e os envie de volta à Terra em um grande feixe de rádio. A vantagem é que, com esse processo de coleta, menos estações terrestres de satélite são necessárias na Terra e menos dados são perdidos.

Todos esses diferentes modelos de serviços da *Satcom* já receberam, ao todo, bilhões em investimentos e ainda precisarão de bilhões a mais. Esse capital pode beneficiar muitas empresas da cadeia de valor. Algumas partes dessa cadeia de valor são, por exemplo, os foguetes e os componentes para as dezenas de milhares de satélites que serão colocados em órbita. Já falamos sobre esses subsetores e suas empresas em capítulos anteriores. Outras partes da cadeia de valor, entretanto, pertencem diretamente ao subsetor *Satcom*. Entre eles estão fabricantes de antenas, como a americana *Kymeta*, a francesa *Sagem* ou a alemã *Alcan Systems*; operadores de infraestrutura de estação terrestre, como a italiana *Leaf Space* ou a americana *RBC Signals*, e fabricantes de dispositivos de comunicação óptica, como a alemã *Mynaric,* de capital aberto. A gigante americana *Amazon* até entrou recentemente no ramo da infraestrutura de estações terrestres[60]. O que faz todo sentido, já que os dados de satélite muitas vezes também podem usar os serviços da unidade de negócios AWS da *Amazon* (que oferece serviços de TI), como por exemplo o armazenamento e o processamento de dados.

Os próximos anos mostrarão o quanto as grandes apostas nas novas comunicações espaciais podem ser bem sucedidas, e se os atuais investidores terão mais sorte do que seus predecessores há cerca de vinte anos. De todo modo, empresas como a *SpaceX* parecem estar indo de vento em popa, apesar da falência da *OneWeb* e do coronavírus: a empresa tem lançado sessenta de seus satélites Starlink quase a cada duas semanas, usando o foguete interno *Falcon 9,* e tornou-se recentemente a maior operadora de satélites do mundo (de acordo com o número de satélites). Até mesmo a *OneWeb* deixou a falência para trás e conseguiu atrair novos investidores.

Se, no entanto, outros projetos apresentarem dificuldades, isso será ruim para os investidores mas, no fim, ainda poderá trazer benefícios para o mundo. A *Iridium*, uma das primeiras empresas LEO-*Satcom,* criada há vinte anos, reestruturou-se na falência e agora se apresenta como uma empresa estável, que oferece serviços de *Satcom* principalmente para clientes governamentais e empresariais, e abriu capital na bolsa com um valor de mercado de mais de três bilhões dólares. Outro exemplo são as várias empresas que investiram em redes de fibra ótica ao redor do globo na virada do milênio e hoje em dia são, em sua maioria, nomes esquecidos como *WorldCom* ou *Global Crossing.* No final, tínhamos uma capacidade muito elevada, e muitas dessas empresas faliram; contudo, elas nos legaram algo de muito valioso: a base para uma internet barata e de alcance mundial. Mesmo que todas as grandes empresas de *Satcom* atuais venham a quebrar, algo semelhante pode acontecer: a infraestrutura já instalada no espaço (e na Terra) poderia ser assumida por terceiros e continuar a operar, com todas as vantagens possíveis para a humanidade.

CAPÍTULO 8

Lixo espacial

"Céu claro, com perspectiva de chuva de satélites".
"Que ótimo! Metade da América sem Facebook!"
(Gravidade, Warner Bros. Pictures, 2013)

No início do filme *Gravidade*[61], de 2013, os astronautas Ryan Stone e Matt Kowalski, interpretados por Sandra Bullock e George Clooney, estão do lado de fora de seu ônibus espacial, passeando pelo espaço. Eles estão consertando o telescópio espacial Hubble quando, de repente, recebem um alerta do Centro de Controle da Missão em Houston: um teste militar russo destruiu um antigo satélite, cujos fragmentos estão agora correndo pelo espaço e destruindo outros satélites, em uma reação em cadeia. Logo após o alerta, esses fragmentos realmente atingem o ônibus espacial e os astronautas, com consequências devastadoras. Toda a tripulação do ônibus espacial é morta pelo lixo espacial que ficou fora de controle, e apenas Ryan Stone (Sandra Bullock) consegue voltar à Terra.

Hollywood não exagerou, como tantas vezes acontece? Ou tal cenário também seria concebível na realidade?

A resposta a ambas as perguntas são sonoros "sim e não". Por um lado, é claro que em *Gravidade*, como em muitos filmes (e livros) de ficção científica, existem imprecisões científicas. Por outro, o lixo espacial é um problema real e crescente que, mesmo já sendo reconhecido como tal, ainda não é muito presente na mídia. Na pior das hipóteses, acidentes com detritos espaciais poderiam bloquear temporariamente coisas importantes que usamos em nosso cotidiano (por exemplo, em telecomunicações ou na navegação GPS) e até mesmo nosso acesso ao espaço. É por isso que veremos neste capítulo o que são os detritos espaciais e como podemos lidar com eles.

Quando olhamos para um céu claro e estrelado, existem ali, além das belas constelações, muitos objetos que felizmente não podemos ver: 34.000 objetos com um tamanho de mais de dez centímetros de diâmetro e até 900.000 objetos com um diâmetro de mais de um centímetro[62]. De onde, afinal, vêm todos esses objetos? Desde o primeiro bip do satélite russo *Sputnik*, em 1957, os humanos vêm deixando-os lá durante suas atividades espaciais. Depois do *Sputnik 1*, mais de 11.000 objetos foram lançados ao o espaço, dos quais quase 8.000 ainda estão em órbita ao redor de nossa Terra; os outros retornaram em algum momento, ou queimaram completamente ou caíram na superfície da Terra em fragmentos – por sorte, geralmente em um oceano. Dos satélites artificiais ao redor da Terra – em sua maioria satélites de comunicação, de observação da Terra, navegação ou pesquisa, além de estágios de foguetes desativados – apenas cerca de 3.000 ainda estão ativos[63]. O restante ficou obsoleto, esgotou seu combustível e, em sua maioria, não pode mais ser alcançado ou controlado da Terra. De tempos em tempos, esses objetos se desintegram, por si próprios ou por meio de colisões (por isso o número de objetos no espaço é muito maior do que o número daqueles que, em algum momento, foram lançados intactos ao espaço). Além das colisões não intencionais, infelizmente também houve algumas contribuições ativas para a multiplicação de fragmentos no espaço: Índia, União Soviética ou Rússia, China e Estados Unidos, todos esses países realizaram testes militares nos quais satélites foram destruídos. Os três últimos, aliás, são conjuntamente responsáveis, em proporções aproximadamente iguais, pela vasta maioria dos objetos no espaço. A densidade dos objetos varia de acordo com a altitude da órbita; atualmente, a maior densidade gira em torno de oitocentos a novecentos quilômetros, o que em parte se deve a um teste militar chinês e a uma colisão de satélite (veja abaixo) nessa altitude. O tempo que leva para um objeto cair de volta à Terra (geralmente, queimando na atmosfera) dependerá diretamente da altura da órbita. Abaixo de uma altitude de cerca de 2.000 quilômetros ainda existe resistência atmosférica, o que retarda os objetos. A 400 quilômetros de altitude, a vida útil de um objeto no espaço (sem o apoio de motores) é de cerca de um ano. Já a uma altitude de 900 quilômetros, durariam cerca de mil anos – ou seja, de uma perspectiva humana, ficariam lá para sempre.

Mas essa poluição do espaço é realmente um problema para nós? Afinal, ao contrário do thriller de Hollywood, ainda nenhum astronauta perdeu a vida devido ao lixo espacial que saiu do controle. Na verdade, até agora não foi tão dramático, nenhum ônibus espacial foi alvejado como o de *Gravidade*. Mas tem havido muitos casos de danos em consequência de colisões com fragmentos no espaço. A NASA já teve que substituir, em média, uma janela do ônibus espacial por voo, porque foi danificada por micro-colisões. Fragmentos de até um décimo de milímetro podem causar danos graves. Acredita-se que um fragmento de um milímetro, caso atinja uma parte crítica do ônibus espacial (como o nariz ou as asas), pode resultar na perda total de uma nave espacial. Danos causados por impactos de alta velocidade em viagens espaciais não foram observados somente em ônibus espaciais. No *"Space Debris Office"* da ESA em Darmstadt, por exemplo, é possível observar os danos causados por impactos nas células solares de satélites. O mesmo ocorre na Estação Espacial Internacional (ISS), onde um dos danos provocados por detritos espaciais é uma pequena rachadura em uma de suas janelas[64].

Para entender esses efeitos talvez surpreendentes, examinemos agora brevemente as energias cinéticas desses fragmentos: embora alguns deles sejam muito pequenos, correm ao redor da Terra em velocidades extremamente altas. É necessária uma velocidade de quase 28.000 quilômetros por hora para que um objeto permaneça em órbita a uma altitude de 400 quilômetros (onde, além da ISS, encontram-se muitos outros satélites) ao redor da Terra; ou seja, para que não caia de volta à Terra por causa da força da gravidade. Isso é cerca de trinta vezes mais rápido do que um jato de passageiros moderno, e dez vezes mais rápido que uma bala de rifle comum quando sai do cano da arma. No entanto, fragmentos no espaço voam em todas as órbitas possíveis, podendo assim colidir com outros objetos em todos os ângulos possíveis. No pior dos casos – uma colisão frontal – a velocidade relativa dos dois objetos é duas vezes maior; ou seja, 56.000 quilômetros por hora.

O acidente mais sério até hoje (pelo menos não provocado por testes militares) entre dois objetos no espaço foi a colisão, em 2009, de um satélite ativo de comunicações *Iridium,* dos EUA, com um satélite militar russo já inativo. Isso ocorreu a uma altitude de quase 800 quilômetros e a uma velocidade de cerca de 42.000 quilômetros por hora. A colisão produziu mais de 2.000 fragmentos, a maioria dos quais ainda se encontra no espaço. Apenas dezoito meses antes da estreia de *Gravidade,* um desses fragmentos do satélite russo passou próximo da ISS. Por precaução, o centro de controle da missão instruiu a tripulação a se deslocar para a cápsula *Soyuz,* ali ancorada.

Quase-colisões parecem estar acontecendo cada vez mais. Em setembro de 2019, o satélite de pesquisa da ESA *Aeolus* teve que ligar seus motores para se desviar da rota de uma possível colisão com um satélite da *SpaceX* [65]. Em janeiro de 2020, temia-se uma possível colisão entre um satélite militar e um satélite de pesquisa (ambos inativos e americanos) – felizmente, eles correram lado a lado por poucos metros, a uma altitude de 900 quilômetros.

Isso, por sua vez, levanta a questão de até que ponto tais incidentes preocupam a população em geral. Enquanto o lixo espacial não cair bem em cima de nossas cabeças, poderíamos pensar que, no caso de uma possível colisão de satélites, os proprietários dos satélites ou suas seguradoras seriam os principais atingidos. No entanto, a segunda linha da citação do filme, no início deste capítulo, aponta outras consequências possíveis: *"Ótimo! Metade da América sem Facebook!"*

Na verdade, nossa vida diária é muito mais dependente do que acontece no espaço do que temos consciência. Se para a maioria de nós uma pausa forçada do *Facebook* seria difícil de suportar, há definitivamente consequências mais sérias que sentiríamos de imediato em nosso cotidiano: o sistema de navegação no automóvel ou no smartphone, por exemplo, é completamente dependente de satélites de navegação. Conexões de telecomunicações a longas distâncias, bem como para assentamentos distantes, navios e aviões geralmente percorrem o espaço. Com a TV por satélite, já podemos reconhecer a conexão espacial no nome. Os satélites também são um componente básico da infraestrutura de segurança nacional em muitos países. Os possíveis danos também podem ser expressos em números: enquanto a destruição de um satélite de tamanho médio significaria uma perda financeira de no máximo algumas centenas de milhões de euros, o valor econômico anual mundial dos dados de navegação, por exemplo, é estimado em cinquenta e seis bilhões de dólares[66].

A grande preocupação, o maior acidente espacial previsível, não são colisões isoladas e perdas de satélites, mas sim a possibilidade de uma reação em cadeia exponencial, a "Síndrome de Kessler"[67], assim chamada em homenagem ao cientista da NASA Donald J. Kessler, que sempre alertava para este perigo. A já mencionada colisão do *Iridium* com o satélite russo em 2009 gerou mais de 2.000 fragmentos. Cada um desses fragmentos poderia, apenas teoricamente, causar uma colisão e produzir outros fragmentos. O crescimento explosivo de processos exponenciais é, em geral, muito difícil de ser compreendido pelo intelecto humano. Supondo que cada colisão gera vinte fragmentos, que por sua vez causam mais colisões, então, após dez rodadas de colisões de todos os fragmentos (no pior caso), alcançamos um total de mais de dez quatrilhões de fragmentos. Nesse cenário de pesadelo, a humanidade não só poderia perder muitos de seus satélites mais importantes, como também, pelo menos temporariamente, até mesmo o acesso ao espaço, caso a Terra fosse cercada por algum tipo de campo minado que os foguetes não conseguissem atravessar ilesos. Com isso, é claro, seria impossível durante algum tempo substituir os satélites destruídos. A propósito: quem alega que devemos lidar melhor com os problemas da Terra em vez de nos preocuparmos com o lixo espacial deve considerar que a solução desses problemas pode, muitas vezes, depender do espaço – por exemplo, muitos dados e previsões confiáveis sobre as mudanças climáticas são obtidos a partir do espaço.

Ultimamente, pelo menos em círculos especializados, têm se intensificado as discussões sobre o lixo espacial; uma razão importante para isso é que em breve haverá um número significativamente maior de satélites em torno da Terra. Os 11.000 objetos que a humanidade levou ao espaço até agora parecem insignificantes em comparação com a constelação de até 42.000 satélites de comunicação que somente a empresa americana *SpaceX* está planejando para os próximos anos. Sobretudo porque constelações semelhantes deverão juntar-se a eles por meio do projeto *Kuiper* da *Amazon* e de outras empresas. A ideia é permitir a todos na Terra o acesso à internet de banda larga. Portanto, na melhor das hipóteses: *Facebook* para todos. Na pior das hipóteses: *Facebook* para ninguém – sobre isso, o filme *Gravidade* já nos alertou despretensiosamente.

Hoje em dia, os operadores dessas constelações estão cientes dos riscos trazidos pela poluição do espaço, e gostam de afirmar que seus satélites, depois da expiração de sua vida útil, lançam-se automaticamente na atmosfera terrestre com uma impulsão final de propulsão, e lá queimam completamente. Infelizmente, a história mostra repetidamente que boas intenções são louváveis, mas muitas vezes insuficientes: no incidente com o *Iridium,* em 2009, trinta e três de um total de noventa e cinco satélites lançados falharam prematuramente; ou seja, uma média de falha de mais de um terço. Mesmo que, com uma tecnologia melhor, essa média venha a ser muito menor no futuro, o número absoluto de satélites incontroláveis pode se tornar muito alto –

simplesmente por causa das constelações muito maiores. Se, por exemplo, existem 20.000 satélites no espaço com uma média de falha muito boa – de apenas 5% –, então existem 1.000 satélites que não podem mais ser controlados.

O que pode ser feito agora para reduzir os riscos? O que precisamos é de uma combinação entre abordagens técnicas e econômicas, e a vontade de implementá-las.

Tendo em vista as soluções técnicas, parece haver duas opções: em primeiro lugar, deveríamos acompanhar com precisão o movimento dos objetos no espaço, para que os satélites, que são operacionalmente controláveis e têm motores próprios, possam realizar manobras evasivas, quando ameaçados de colisão. Em segundo lugar, devemos começar a eliminar o lixo espacial.

O rastreamento de objetos no espaço, mesmo pequenos fragmentos, já é feito há muito tempo. O Comando Norte-Americano de Defesa Aeroespacial (NORAD) é uma das instituições que atuam neste campo (e que todos os anos rastreia consciensiosamente o Papai Noel, cuja existência principalmente os jovens interessados podem ver por si mesmos em sua própria homepage[68]). Tecnicamente, esse rastreamento é realizado, no momento, por sistemas de radar na Terra. Abaixo de uma altura de 2.000 quilômetros é possível reconhecer objetos a partir de um centímetro de tamanho; em 2013, cerca de 17.000 foram rastreados[69]. Satélites como os novos satélites de comunicação *Starlink,* da *SpaceX,* estão em contato constante com o NORAD e, com base nesses dados, decidem se e quando uma manobra evasiva deve ser realizada. No futuro, pode fazer sentido rastrear objetos no espaço diretamente de lá em vez de apenas da Terra – aqui também pode haver potencial empreendedor.

No entanto, a longo prazo, provavelmente não seremos capazes de evitar o descarte do lixo espacial: os dados de rastreamento podem estar incorretos, as manobras evasivas podem falhar ou podem até não ser possíveis dentro de certas circunstâncias (como na quase colisão em janeiro de 2020).

No que se refere a uma possível forma de descarte, atualmente o foco tem sido a eliminação de satélites não operacionais que ainda estão intactos, em vez de pequenos fragmentos. A ideia por trás disso é simples: acima de tudo, pretende-se evitar que, em uma possível colisão, grandes satélites se transformem em vários pequenos fragmentos, que são mais difíceis de serem capturados. Abordagens técnicas existem a se perder de vista; algumas delas parecem pouco ortodoxas e não estariam deslocadas no novo filme de James Bond ou em *Missão Impossível.*

Trata-se, na maioria das vezes, de empurrar o satélite morto diretamente para a atmosfera terrestre, ou de capturá-lo primeiro. Um empurrão pode ocorrer por meio de contato físico direto, mas também por meio de lasers, microondas ou feixes de íons. Outras ideias para a solução do problema visam anexar peças ao satélite (por exemplo, linhas ou velas solares) que o desaceleram, precipitando assim sua queda na atmosfera terrestre, já que ele não consegue mais manter sua órbita em uma velocidade muito baixa. Robôs, eletroímãs ou mesmo redes, por exemplo, poderiam ser usados para capturá-los. Muitas dessas sugestões, por enquanto, não passam de jogos mentais. Pode haver aqui, portanto, uma grande oportunidade de negócio para empreendedores espaciais.

Ao menos duas empresas já começaram a trabalhar concretamente no problema do lixo espacial. A startup suíça *ClearSpace*, com sede em Lausanne, perto do Instituto Federal Suíço de Tecnologia (EPFL), está trabalhando com a Agência Espacial Europeia (ESA) em uma missão inicial de eliminação de resíduos. A missão *ClearSpace 1* pretende usar um braço robótico para capturar um satélite morto — se tudo correr bem, em 2025. Para o desenvolvimento dessa missão, a *ClearSpace* poderia receber, sob certas condições, mais de setenta milhões de euros da ESA. A empresa já conta com investidores privados. Do outro lado do mundo, no Japão, o ex-consultor de negócios Nobu Okada, juntamente com sua equipe da *Astroscale,* realizou a missão ELSA-d em 2021, que demonstrou diversas habilidades técnicas para o descarte de satélites mortos no espaço, incluindo a localização automática e a ancoragem do objeto de destino. Ao contrário da *ClearSpace*, a *Astroscale* não descartou de fato um objeto de lixo espacial em sua missão de demonstração, mas manobrou seu próprio objeto de destino no espaço.

A propósito, os satélites mortos nem sempre têm de necessariamente ser eliminados – já existem ideias para reciclar alguns deles. Ainda que a chamada carga útil de um satélite; por exemplo, os sensores em satélites de observação da Terra ou rádios em satélites de comunicação, envelheça rapidamente, outras partes do satélite são teoricamente recicláveis – mesmo que no final seja apenas o metal da estrutura. A startup *CisLunar Industries* em Luxemburgo está trabalhando nisso. O lema da empresa é "Lixo espacial é um recurso". (O verdadeiro fã de ficção científica pensará imediatamente em Rey, a heroína de *Star Wars*, que recicla as enormes naves espaciais que foram destruídas no sétimo episódio da série).

Todas as possibilidades técnicas, entretanto, não farão o menor sentido se não houver a vontade de implementá-las. É claro que descartar um satélite morto custa dinheiro – segundo as estimativas atuais, talvez alguns milhões de euros por satélite – e alguém tem que estar disposto a pagar por isso. O problema com a exploração comercial do espaço é que estamos lidando com uma clássica "tragédia do patrimônio público": se um recurso limitado está disponível para gerenciamento sem restrições e gratuitamente, em algum momento ele se esgotará, pois cada indivíduo só pensa em maximizar seu próprio lucro. Na Terra, reconhecemos essa dinâmica quando se trata de pesca em águas internacionais, mas também de recursos como a atmosfera terrestre e o espaço que, apesar da impressão de um tamanho imensurável, continuam limitados e, portanto, ameaçados e dignos de proteção.

Como resolver esses problemas? Existem diferentes abordagens e conceitos: em tese, o patrimônio público pode ser privatizado ou alugado e, então, depender do proprietário privado para receber um bom tratamento. No caso do espaço, isso não é desejável nem legalmente viável. Em segundo lugar, as leis e regras podem forçar o usuário de um recurso a não esgotá-lo completamente. Por exemplo, uma lei espacial francesa relativamente nova[70] obriga os operadores de foguetes a garantir que os estágios superiores do foguete não permaneçam no espaço, mas sim que se desintegrem e /ou caiam no oceano imediatamente após o lançamento. Como esperado, não houve aprovação unânime para a lei, engavetada em 2008: na indústria, temia-se que os custos adicionais para os franceses se desdobrariam em desvantagens na concorrência internacional. Em terceiro lugar, existem várias maneiras pelas quais os usuários do espaço podem ser induzidos a pagar pelo descarte de detritos espaciais. Os países poderiam cobrar um imposto sobre cada lançamento de foguete e usar a receita tributária para descartar o lixo espacial (semelhante a um imposto sobre veículos, que pode ser usado para manutenção de estradas). Outra opção interessante seria o comércio de direitos de poluição, como já acontece com os direitos de emissão. Nesse caso, para cada lançamento de foguete, seria necessário um certo número de direitos que, ou poderiam ser comprados de terceiros, ou adquiridos por conta própria, se comprovado que o interessado remove seu lixo espacial. Com a implementação deste modelo, o número máximo de direitos e, por conseguinte, a quantidade máxima de poluição, seriam limitados.

Seja lá qual for a solução buscada, uma coordenação internacional (como no caso da proteção do clima com o Protocolo de Quioto ou o Acordo de Paris) entre os governos será imprescindível para ter sucesso. Por outro lado, isso ameaça aquilo que é conhecido como «arbitragem regulatória»: em casos extremos, os países poderiam se tornar um negócio que oferecesse leis particularmente "amigáveis" (ou mesmo nenhuma) para o uso do espaço a partir de seu solo. Assim, as empresas preferem se estabelecer onde há poucas restrições e custos. Já existem inúmeros exemplos desses efeitos no setor financeiro ou no transporte marítimo internacional.

A questão do lixo espacial certamente nos acompanhará pelos próximos anos e despertará cada vez mais o interesse público. Muitas oportunidades serão oferecidas aos interessados neste tema promissor: sejam esses empresários, advogados internacionais ou ativistas políticos. O espaço está esperando pela nova Greta Thunberg!

CAPÍTULO 9

Viagem à Lua

"Deixe-me dizer, enquanto estou sentado aqui na sua frente hoje, depois de ter pisado na Lua, que ainda estou impressionado com este milagre. Esta admiração, em mim e em cada um de nós (...) deve ser o motor para sucessos futuros, não uma luz lentamente escurecendo de uma época em que era brilhante."
(Buzz Aldrin, 2. Homem a pisar na Lua[71])

"Eu ainda consigo bater nela [na bola de golfe] na Lua. Mas, na verdade, meu impulso é melhor aqui na Terra."
(Alan Shepard, 1. Homem a jogar golfe na Lua[72])

19 de dezembro de 1972 – Esta é a data em que o homem pisou na Lua pela última vez. Cerca de setenta por cento das pessoas que vivem hoje nem tinham nascido nessa época[73]. Não havia computadores, telefones celulares, internet ou carros elétricos espalhados por toda parte. A velocidade de computação do iPhone atual é aproximadamente 100.000 vezes mais rápida do que a do computador de bordo da espaçonave *Apollo*[74]. Apenas quinze anos se passaram desde que o primeiro objeto feito pelo homem (o satélite soviético *Sputnik*) entrou em órbita, e foi a menos de trinta anos depois que um objeto voou pela primeira vez para o espaço, considerando que isso significa uma altitude de mais de cem quilômetros (um foguete V2 alemão). Sonhava-se então que os humanos logo estariam vivendo no espaço e que logo seriam capazes de voar para Marte. Na verdade, desde 1972 ninguém mais viajou para além da órbita próxima à Terra – ou seja; principalmente para a Estação Espacial Internacional (ISS) e, de vez em quando, um pouco mais longe (por exemplo, para as missões *Hubble* do ônibus espacial). Agora, isso está prestes

a mudar novamente – como parte do programa americano *Ártemis*, o próximo homem e a primeira mulher a colocar os pés na superfície lunar deverão fazê-lo em 2024. Dezenas de startups espaciais estão trabalhando em modelos de negócios que se concentram na Lua. Afinal, o que é a Lua e como será nosso futuro nela?

A Lua é o único satélite natural da Terra. Atualmente, acredita-se que ela surgiu há cerca de quatro bilhões e meio de anos a partir dos fragmentos de uma colisão gigantesca entre a jovem Terra e outro corpo celeste. Ela tem uma circunferência de quase 11.000 quilômetros, um pouco mais de um quarto da circunferência da Terra. Seu volume é de pouco mais de 2% do volume da Terra. Para efeito de comparação, podemos imaginar a Terra como uma bola de pingue-pongue e a Lua como uma pequenina bola de gude. A massa da Lua é pouco mais de um por cento que a da Terra, devido à sua composição diferente. Essa massa muito menor também significa que a gravidade na Lua é apenas cerca de dezesseis por cento da força gravitacional da Terra. A superfície total da Lua é quinze por cento menor que a superfície da Ásia. Olhando da Terra, mesmo a olho nu, já é possível ver que se trata de um tipo de mundo completamente diferente: a superfície da Lua é marcada por muitas crateras. Isso se deve à ausência de uma atmosfera protetora (os meteoritos não queimam e não há erosão causada pelo clima), bem como à ausência de qualquer atividade vulcânica atual (que poderia „virar a superfície de cabeça para baixo" de tempos em tempos). Mas da Terra também só podemos ver um lado da Lua, porque esta leva tanto tempo para girar em torno de seu próprio eixo quanto para circunavegar a Terra (28 dias). A distância da Terra à Lua é de pouco menos de 400.000 quilômetros (varia um pouco, pois a órbita lunar é elíptica). Isso é aproximadamente dez vezes a circunferência da Terra e cem vezes a distância entre a Terra e a Estação Espacial Internacional. Se um avião moderno pudesse voar essa distância de uma vez, levaria cerca de vinte dias para chegar à Lua. Apesar da longa distância, a Lua tem uma influência inequívoca em nossas vidas, por exemplo, através das marés.

A Lua também aparece com frequência na cultura humana. Logo no início da Bíblia, no livro de Gênesis 1.16: "E Deus fez duas grandes luzes: uma grande luz, que rege o dia, e uma pequena luz, que rege a noite, e também as estrelas"[75]. O mês como medida de tempo tem sua origem na duração aproximada de uma fase lunar completa, e tanto o calendário judaico quanto o muçulmano são lunares. É claro que ela é a estrela ou pelo menos o pano de fundo de muitos livros e filmes de ficção científica, de *Da Terra à Lua*, romance de Júlio Verne de 1865, ao filme *A Mulher na Lua*, de Fritz Lang (1929) e filmes mais atuais como *Ad Astra* (2019).

A atividade humana na Lua começou em 1959, com o pouso forçado da sonda soviética *Luna-2*. No mesmo ano, o lado de trás da Lua também foi fotografado pela primeira vez, pela soviética *Luna 3*. O primeiro pouso do homem na Lua, com Neil Armstrong e Buzz Aldrin, foi obra da missão americana *Apollo 11*, em 1969. Seguiram-se cinco outras missões *Apollo* bem-sucedidas. Até agora, um total de doze pessoas pisaram na Lua, todos homens e todos americanos. Eles realizaram experimentos, trouxeram rochas lunares de volta à Terra, usaram um veículo ("*rover*") e até jogaram golfe na superfície lunar. Nenhum país além dos Estados Unidos pousou astronautas na Lua até agora – a União Soviética abandonou seus planos de um pouso tripulado após o sucesso americano. Além dos EUA e da União Soviética, a China também conseguiu pousar na Lua (sem tripulação) de maneira controlada. O *rover* chinês *Yutu-2* (pousado com a sonda *Chang'e-4* em janeiro de 2019) é o primeiro veículo ativo presente do outro lado da Lua. Dois outros países, Índia e Israel, tentaram seu primeiro pouso não tripulado na Lua também em 2019. Ambos também pousaram de alguma forma na superfície, mas foi antes uma queda do que um pouso controlado. Em ambas as missões ocorreram erros de sistema na fase de pouso. Mais uma vez, a frase dos círculos especializados, *"space is hard"* ("o espaço é difícil"), provou ser verdadeira, mas ambos os países devem receber grande crédito por terem alcançado a órbita lunar e quase feito um pouso adequado. Vale destacar principalmente a missão israelense *Beresheet* ("no começo" em hebraico, segundo o Gênesis), que teve financiamento quase totalmente privado, com doações para a organização sem fins lucrativos *SpaceIL*. A diferença entre ficção e realidade da atividade humana na Lua é que livros como *Revolta na Lua*, de Heinlein, e filmes como *2001 – Uma odisseia no espaço*, ou *Ad Astra*, mostram assentamentos humanos permanentes por lá. Mas a verdade é que os humanos nunca passaram mais de setenta e cinco horas consecutivas na Lua, tampouco ergueram por lá estruturas habitáveis. Só deixamos para trás "bandeiras e pegadas", o que mostra que alguns resumem de uma forma ligeiramente depreciativa o tipo de missões que os homens realizaram na Lua até agora.

Quem almeja por uma presença humana permanente na Lua deve, é claro, responder primeiro à pergunta: O que afinal queremos lá? Um dos objetivos poderia ser construir estações de pesquisa semelhantes às já existentes na Antártica. A própria Lua é interessante como objeto de estudo (por exemplo, para tirar conclusões sobre o início do sistema solar) e a baixa gravidade pode ser usada para experimentos. Também é possível praticar astronomia a partir da Lua – as vantagens da Lua em comparação com a Terra são que ela não tem atmosfera prejudicial, nem um número crescente de satélites interferentes nem sinais de rádio inconvenientes (pelo menos não no lado de trás). Com o tempo, a Lua também pode se tornar um destino turístico exótico de férias, embora provavelmente muito, muito caro no início: o bilionário japonês do e-commerce Yusaku Maezawa pagou à *SpaceX* algumas centenas de milhões (a cifra exata não foi divulgada) para, provavelmente em alguns anos, voar ao redor da Lua sem pousar. Outra oportunidade de negócio é a recuperação de matéria-prima na Lua. A primeira dessas matérias-primas seria a água, que foi encontrada de forma congelada nas crateras permanentemente sombreadas – por exemplo, próximo ao polo sul lunar. Essa água pode ser dividida, por eletrólise, em seus componentes químicos, oxigênio e hidrogênio. Os dois elementos juntos podem ser usados como combustível de foguete – a Lua poderia, então, tornar-se também uma espécie de posto de gasolina ou um ponto de escala no espaço. Isso também é possível graças à baixa gravidade, o que torna muito mais fácil e barato partir da Lua do que da Terra. Quanto mais pessoas levarem as primeiras aplicações deste tipo para a Lua, mais haverá necessidades e demandas de acompanhamento por mais produtos e serviços – até que em algum momento, em um futuro mais próximo ou mais distante, haverá também um suprimento constante de alimentos na Lua. Mas o caminho até esse estágio ainda é longo, e muitas outras oportunidades de negócios certamente se abrirão para empreendedores inovadores.

Porém, muito antes de o estômago roncar, existem necessidades básicas que devemos atender em quaisquer circunstâncias, para assegurar a vida humana e a sobrevivência na Lua. O ambiente na Lua é ainda mais adverso do que aquele que seria o mais adverso possível aqui na Terra – uma estadia na Antártida seria, em contrapartida, um passeio. Não há ar para respirar nem qualquer fonte de alimento. E faltam acomodações necessárias para se proteger das temperaturas extremas (que oscilam de cerca de menos para mais de 200 graus Celsius durante o dia), do vácuo (a ausência de atmosfera significa nenhuma pressão atmosférica, o que faria com que nosso sangue começasse a ferver), da radiação elevada e da poeira fina, onipresente e extremamente perigosa.

Os astronautas da *Apollo* levaram simplesmente tudo de que precisavam para sobreviver em seu módulo lunar. Isso é eficaz quando tudo o que se pretende deixar lá são bandeiras e pegadas para sair em seguida, mas não se a intenção é estabelecer uma presença permanente. Os custos também são muito altos: o preço do transporte de um quilo de qualquer carga para a Lua não sairá por menos de um milhão de dólares em um futuro próximo. A solução aqui se chama "ISRU". A abreviatura significa a expressão em inglês *In-Situ Resource Utilization*; ou seja, o uso de recursos disponíveis no local. Começa com a já mencionada água congelada. Esta pode ser tratada como água potável; por outro lado, como também mencionamos, pode ser dividida por eletrólise em oxigênio e hidrogênio. O oxigênio, por sua vez, pode então ser usado para respirar ou para qualquer processo de combustão que seja necessário (por exemplo, para a propulsão de foguetes). Até a perigosa poeira lunar pode, em tese, ser usada como recurso – por exemplo, como material para a construção de alojamentos. Existem até planos concretos de usá-lo para a produção de células solares. Isso é importante porque a Lua também carece de uma fonte permanente de energia.

Mas mesmo que seja possível aproveitar todo o potencial dos recursos locais, as estruturas necessárias para tal aproveitamento precisam chegar à Lua primeiro. Portanto, não há como evitar uma capacidade de carga confiável, regular e, espera-se, não muito cara entre a Terra e a Lua. Até agora, os voos para a Lua eram reservados aos governos (com exceção do *SpaceIL*). Atualmente, porém, mais de meia dúzia de empresas privadas estão trabalhando em serviços de entrega para a Lua.

Ao menos duas empresas utilizam a tecnologia do módulo lunar israelense *Beresheet*, que em 2019 se empenhou em seu objetivo: a americana *Firefly* e a companhia alemã *OHB*, de Bremen. As empresas americanas *Astrobotic, Ceres Robotics, Intuitive Machines* e *Tyvak*, entre outras, trabalham com projetos próprios. Os dois grandes recém-chegados, *Blue Origin* e *SpaceX*, também estão envolvidos e, em maio de 2020, juntamente com a empresa *Dynetics*, receberam financiamento da NASA para a construção de módulos lunares para astronautas (em 2021, a

NASA escolheu definitivamente o conceito de módulo espacial da *SpaceX*). A bem financiada startup *iSpace* (mais de cem milhões de dólares vindos de patrocinadores até agora) está trabalhando ao mesmo tempo em um módulo de pouso lunar e em um *rover* lunar, no Japão e na subsidiária em Luxemburgo. Os primeiros desembarques estão previstos para 2021 e 2023. Ainda levará algum tempo até o primeiro pouso privado na Lua, o que significa que negócios calculáveis e vendas confiáveis ainda estão em horizonte distante. Uma startup precisa sobreviver a esse período. Algumas empresas americanas se beneficiam de encomendas da NASA, que essas empresas fretam para vários voos lunares, garantindo um faturamento de cerca de oitenta milhões de dólares. Sem esse apoio estatal através de subsídios ou de contratos fixos, as coisas ficaram difíceis para várias empresas. O PTS, sediado em Berlim (antigo nome: *PT Scientists*) teve de ser vendido em 2019 porque ficou sem dinheiro.

Apesar das condições ainda desafiadoras, a Lua, junto com potenciais grandes estações espaciais na órbita terrestre, é a localização provável da primeira sociedade humana fora da Terra. Ela pode vir a ser o novo "assentamento pioneiro" desde que os colonos chegaram às mais remotas regiões da Terra. Hoje em dia, com alguns poucos dias de viagem e um atraso de comunicação de um segundo e meio, a Lua está até um pouco mais próxima do que esses lugares na Terra estavam naquela época. Isso oferece oportunidades fascinantes para pessoas com os mais diversos interesses. A Lua pode se tornar a próxima Califórnia.

CAPÍTULO 10

Habitats no espaço

> *"Não faz o menor sentido ir ao espaço se o futuro que estamos prestes a ver é um futuro estéril, em que vivemos em latas de sardinha. Temos que ser capazes de criar habitats no espaço que sejam tão bonitos e semelhantes à Terra quanto as mais belas partes do nosso planeta, e isso nós podemos fazer."*
>
> (Gerard K. O'Neill[76])

Quilômetros de enormes cilindros na órbita da Terra, habitados por milhares de pessoas – foi assim que o físico americano e professor da Universidade de Princeton imaginou e descreveu o futuro do espaço em seu livro *A fronteira alta: Colônias humanas no espaço (The High Frontier: Human Colonies in Space)*[77], de 1976. O trabalho de O'Neill inspirou muitos fãs do espaço, incluindo o jovem Jeff Bezos. Habitats artificiais no espaço também são o enredo de vários filmes de Hollywood. Em 2013, *Elysium* mostrou uma enorme estação espacial em órbita, parecida com a imaginada por O'Neill, só habitada por pessoas ricas, enquanto a Terra se tornou uma grande favela. No filme *Ad Astra*, de 2019, podemos ver uma grande estrutura, quase uma cidade, na Lua. Hollywood também construiu muitos assentamentos humanos em Marte, cidades muito pequenas (a série de TV *Mars*, de 2016) ou mesmo metrópoles sob cúpulas (por exemplo, *Total Recall*, 1990). Hollywood está fazendo todos os esforços, mas o que é realmente necessário para que nós, humanos, possamos viver no espaço a longo prazo? É disso que devemos tratar agora.

O corpo humano tem certas necessidades básicas. Um ser humano médio tem que ingerir alguns quilos de materiais todos os dias, incluindo ar respirável, comida e líquidos. Mas o ser humano também perde alguns quilos todos os dias por meio de processos metabólicos. Além disso, os processos físicos só funcionam bem dentro de faixas toleráveis de temperatura, umidade e pressão. Normalmente, nenhuma dessas condições básicas necessárias para a vida humana são dadas no espaço. Até onde sabemos, o cotidiano da série de TV *Star Trek* – seres humanos saindo de suas naves espaciais em um planeta estranho, podendo respirar imediatamente e encontrando uma temperatura agradável, água e comida – não ocorre na realidade, pelo menos não em nosso sistema solar. Precisamos, portanto, de um sistema de controle ambiental e de suporte de vida para conseguirmos sobreviver no espaço.

Os melhores exemplos de vida humana em condições extremas que temos na Terra são, provavelmente, estações de pesquisa na Antártida. Lá, as pessoas primeiro têm que se proteger da temperatura externa e contar com suprimentos de comida vindo de muito longe. Também estão ausentes ali outros aspectos importantes da infraestrutura normal, especialmente cuidados médicos. Isso ficou impressionantemente claro em abril de 1961, quando o médico soviético e membro expedicionário Leonid Rogozov removeu seu próprio apêndice em uma operação durante a noite polar[78]. No entanto, mesmo na Antártida, ainda existem condições comparativamente humanas: ar respirável, água, e também a pressão do ar e a gravidade. Por períodos mais curtos de tempo, as pessoas se expõem a condições ainda mais extremas e perigosas, por exemplo, no mar profundo ou nas montanhas altas. O extremo esforço técnico que envolve o equipamento especial dá uma pequena ideia do que nos espera no espaço...

Até onde sabemos, não existem alimentos disponíveis em nenhum lugar fora da Terra. É verdade que existe água em diferentes lugares, geralmente congelada. As temperaturas fazem com que as das regiões polares da Terra pareçam moderadas. Na órbita terrestre, a temperatura pode oscilar rapidamente entre menos e mais cem graus Celsius, dependendo se estamos no sol ou na sombra. Durante as duas semanas longas de noite na Lua, a temperatura pode cair para 170 graus Celsius negativos[79]. Em Marte, a variação diária é, na melhor das hipóteses (no verão, na linha equatorial), entre -70 e +20 graus[80]. Como a atmosfera costuma estar completamente ausente ou é muito fraca, uma pressão negativa extrema impera na maioria dos lugares do espaço, efetivamente um vácuo. O corpo humano não foi feito para isso – todos os fluidos em nosso corpo, incluindo o sangue, começariam a ferver imediatamente. É por isso que as pessoas, quando estão do lado externo em quase todos os lugares do espaço, precisam usar roupas de pressão como os astronautas da *Apollo* na Lua ou a tripulação da ISS. Uma exceção bem conhecida, e por isso escolhida por alguns como um futuro assentamento humano, é a lua de Saturno Titã, onde a pressão é cerca de uma vez e meia maior do que na Terra, graças a uma espessa atmosfera. Mas a falta de atmosfera não é o único problema.

Na maioria dos lugares do espaço também não existe a chamada magnetosfera. Na Terra, graças ao seu núcleo metálico, temos um campo magnético que nos protege de grande parte da perigosa radiação emitida pelo Sol e por outras fontes no espaço[81]. Astronautas em órbitas baixas da Terra, como na ISS, ainda estão dentro desse escudo protetor magnético, mas mesmo assim ainda expostos a mais radiação, já que estão acima da atmosfera terrestre, que filtra a radiação. É por isso que os astronautas da ISS usam dosímetros (medidores de radiação), semelhantes aos manejados em usinas nucleares ou na medicina nuclear. Fora da magnetosfera, por exemplo na superfície da Lua ou de Marte, mas também no trajeto até lá, tudo é muito mais perigoso. É nesse sentido, portanto, que as futuras naves espaciais para a Lua ou Marte e seus habitats devem ser construídas de forma que as pessoas fiquem protegidas da radiação em seu interior. Isso requer capas de proteção especiais, que podem ser feitas de metal, rocha ou até mesmo água.

O corpo humano também não foi feito para baixa gravidade ou para a total ausência de peso, por mais divertido que isso pareça. Na ISS na órbita da Terra, a gravidade é quase zero; na superfície lunar, é de cerca de um sexto da gravidade da Terra (é por isso que os astronautas da *Apollo* foram capazes de pular na Lua, apesar de seus trajes de pressão pesarem oitenta quilos), e em Marte, cerca de quarenta por cento em comparação com a Terra. Isso tem vários efeitos em nosso corpo, como sabemos agora, depois das longas estadias de astronautas na ISS. Os líquidos em nosso corpo, que normalmente são puxados para baixo pela gravidade, continuam se acumulando na ausência de gravidade, só que para cima. Com isso, o coração tem que trabalhar mais; músculos e ossos, por outro lado, são usados muito menos e diminuem devido à falta de sobrecarga. Para neutralizar esse efeito, os astronautas da ISS precisam treinar em máquinas especiais todos os dias. Os ossos em processo de redução também acarretam a presença de mais cálcio no sangue, o que aumenta o risco de pedras nos rins.

Dependendo de onde se estiver no espaço, existem outras peculiaridades locais das quais é preciso se proteger. Na Lua, esse é o caso da poeira extremamente fina, presente quase por toda parte – a afiada areia lunar ("regolito"), que chega por todos os lados, pondo em perigo as pessoas e as máquinas. Em Marte, existem grandes tempestades de poeira que podem durar dias a fio.

O problema geral com a construção de habitats no espaço também é que, para a maioria dos lugares, seria necessário trazer da Terra: comida, eventualmente água e todos os tipos de equipamentos de proteção. Por exemplo, embora a ISS esteja a apenas 400 quilômetros da superfície terrestre – na verdade, a poucos passos de distância – a energia necessária para chegar lá e transportar cargas é extremamente alta. Para a Lua (400.000 quilômetros e alguns dias de distância) ou Marte (nas melhores condições, cinquenta milhões de quilômetros e alguns meses de distância), o esforço é ainda maior. Agora que já conhecemos os vários desafios que o espaço representa para a vida humana, vale dar uma olhada em como é nossa principal (fora da nova estação chinesa) base atual no espaço – a ISS. Depois disso, veremos as perspectivas futuras e quem está trabalhando nelas.

A ISS é uma estação espacial na qual até seis astronautas podem ali passar meses. Ela se encontra a uma altitude de 400 quilômetros da superfície terrestre, privada de nossa oferta de alimentos e água, acima da atmosfera terrestre e, portanto, livre de ar externo e exposta à pressão negativa, radiação e à ausência de gravidade de uma órbita terrestre baixa. Para que as pessoas sobrevivam ali, um sistema de controle ambiental e suporte à vida teve que ser desenvolvido (em inglês, *Environmental Control and Life Support*, ou ECLS). No ECLS existem duas grandes categorias: nos sistemas ECLS fechados, não há necessidade de coletar nenhum material do lado externo e também não há liberação para o lado de fora. Não é este o caso dos sistemas ECLS abertos. A ISS usa um sistema aberto, pois a cada três meses chega da Terra uma cápsula com alimentos (e experimentos), que também leva consigo alguns resíduos da ISS. A ISS, porém, não é um sistema totalmente aberto, já que seu sistema ECLS recicla muitas coisas. Por exemplo, o oxigênio é recuperado do ar usado, assim como a água da urina e do suor. Os sólidos contidos na urina e nos excrementos são separados e regularmente lançados na atmosfera terrestre, onde queimam como estrelas cadentes[82]. O mesmo vale para a roupa suja[83], pois na ISS as roupas não são lavadas – isso desperdiçaria muita água preciosa. Pelo mesmo motivo, também não há chuveiros na ISS. Esses dois fatores por si sós já são suficientes para dissuadir muitas pessoas da ideia de se mudar para o espaço até que desenvolvamos estações espaciais mais confortáveis! A tripulação da ISS está protegida da pressão negativa e de uma grande parte da (mas não de toda) radiação através dos módulos de alumínio pressurizados. Um sistema de controle especialmente desenvolvido mantém a temperatura entre confortáveis 18 e 27 graus[84]. A ausência de gravidade é facilmente aceita na ISS, entre outras coisas porque seu efeito é usado para experimentos, inclusive da equipe. Embora a ISS certamente não seja um hotel de luxo, o suporte à vida funciona em nossa única estação espacial (plenamente implementada) atualmente. O americano Scott Kelly e o russo Mikhail Kornienko detêm o recorde de permanência mais longa, com 340 dias, seguidos de perto pela americana Christina Koch, com apenas doze dias a menos.

As primeiras estações espaciais da nova geração muito provavelmente também estarão em órbita terrestre baixa, justamente porque sua proximidade com a Terra permite sistemas abertos e simplifica o suporte à vida. Os primeiros projetos de estações espaciais privadas sequer são planejados como estações espaciais independentes, mas sim como módulos adicionais que são acoplados à ISS, por exemplo, para realizar mais experimentos para clientes particulares e/ou para acomodar turistas espaciais. A empresa americana *Axiom* está trabalhando em uma estação privada, com cabines para oito astronautas privados e espaço para experimentos e produção. Para os turistas espaciais, que pagarão dezenas de milhões de dólares por voos e estadias, ainda parece não haver chuveiros - mas as pequenas cabines foram projetadas pelo famoso designer francês Philippe Starck. Outra empresa americana, a *Bigelow*, já vinha trabalhando em módulos adicionais para o ISS. A ideia era um formato inflável, mas teve que ser abandonada em março de 2020. Os planos para estações espaciais da *Blue Origin* são aguardados com enorme ansiedade, porque todos sabem muito bem que o fundador da empresa, Jeff Bezos, inspira-se na estação espacial idealizada por Gerard O'Neill. As estações de O'Neill, aliás, previam a gravidade artificial, na qual os enormes cilindros girariam continuamente em torno de seu próprio eixo, gerando assim força centrífuga, de modo que uma pessoa no interior do cilindro teria a sensação de gravidade. Até O'Neill queria instalar suas estações perto da terra.

Quando se trata de manter a vida humana em lugares mais distantes, como na Lua ou em Marte, tudo se torna muito mais difícil. Em ambos os planetas, além dos problemas bem conhecidos, existe ainda a dificuldade de uma distância muito maior. Os astronautas da *Apollo* levaram três dias para chegar à Lua. Na melhor das hipóteses, com a tecnologia atual de foguetes, Marte pode ser alcançado em cerca de nove meses[85]. Esta constelação favorável sempre ocorre quando Terra e Marte estão mais próximos, o que acontece aproximadamente a cada dois anos. Assim, a distância entre os dois planetas é de pouco mais de cinquenta milhões de quilômetros. No pior caso, quando a Terra e Marte estão em lados opostos do Sol, a distância é de mais de 400 milhões de quilômetros. Com distâncias tão grandes, cada assentamento humano permanente deve ser independente – ou seja, é necessário um sistema de suporte de vida fechado. No filme *O Marciano*, o protagonista Mark Watley exemplifica isso quando cultiva suas próprias batatas em uma estufa tendo excrementos humanos como fertilizante. É exatamente esse tipo de produção local de alimentos que teremos que desenvolver em Marte. A água é o menor dos problemas, pois há muita água em Marte (e na Lua) sob a forma congelada. Esse gelo também pode ser usado para produzir oxigênio por meio da eletrólise. Temos que aceitar a baixa gravidade local na Lua e em Marte, pelo menos com nossa tecnologia atual. Ao contrário das estações espaciais, não podemos girar planetas inteiros mais rápido a fim de criar gravidade artificial (embora o livro de ficção científica *Leviathan Awakes* sugira justamente isso em relação aos corpos celestes no cinturão de asteroides, como Ceres e Eros). Para nos proteger da radiação, da pressão negativa e de flutuações de temperatura, também precisaremos de habitats especiais na Lua e em Marte. Até agora, nós, humanos, nunca tivemos tais habitats em outros corpos celestes – os astronautas da *Apollo* apenas usaram seu módulo de pouso – mas algumas pessoas já estão trabalhando com afinco em novos conceitos.

O estúdio de arquitetura dinamarquês *SAGA Space Architects* desenvolveu um módulo que pode ser dobrado e desdobrado novamente, como papel de origami japonês[86].

Na forma dobrada, o módulo seria levado ao local de destino em foguetes, economizando assim um volume caro. Quando desdobrado, o volume aumenta em mais de 500 por cento. Embora o módulo seja pequeno, deve haver diferentes áreas para dormir, trabalhar e relaxar, além de espaço para uma pequena fazenda vertical. A luz artificial da noite e do dia, bem como as mudanças climáticas simuladas, devem contribuir para o conforto dos residentes. Considerando que no norte da Groenlândia as condições adversas sejam comparáveis às da superfície lunar, os dois parceiros da SAGA testaram por lá seu módulo durante três meses, no verão de 2020.

Além desses habitats completamente artificiais na superfície, há uma outra possibilidade de vida em corpos celestes, como na Lua ou em Marte: é possível usar formações naturais como espaços de proteção. Tanto na Lua quanto em Marte, esses são tubos e cavernas de lava solidificada por séculos. A rocha nos protegeria da radiação (e, em Marte, também das tempestades de areia). Foi justamente isso o que mostrou a série de TV *Mars*. Um ciclo se fecharia de forma quase irônica caso nossa maior conquista tecnológica nos levasse exatamente ao nosso estágio mais primitivo: o de habitantes das cavernas.

CAPÍTULO 11

Turismo espacial

"Era o paraíso. Eu acabei de voltar do paraíso."
(Dennis Tito, primeiro turista espacial,
logo após o pouso na Terra[87])

"Assim que você chega ao espaço, percebe como a Terra é pequena e frágil."
(Valentina Tereshkova, primeira mulher no espaço[88])

Cem mil dólares por noite – esse é o preço da Suíte *Empathy* no *Palm Casino Resort* em Las Vegas, talvez o quarto de hotel mais caro do mundo atualmente[89]. Distribuídos por dois andares e mais de 800 metros quadrados, estão dois luxuosos quartos com gigantescas camas *California King*, vários banheiros em mármore cinza, uma sala de jantar para oito pessoas, uma sala de ginástica, duas salas de massagem, uma piscina, um bar para treze pessoas e várias obras do conhecido artista inglês Damien Hirst. Das enormes janelas, é possível à noite ver o mar de luzes de Las Vegas. É claro que existe um serviço de mordomo 24 horas e cada hóspede recebe até um crédito de 10.000 dólares para usar no hotel – no cassino, por exemplo.

Quase 34.000 dólares por dia – esse é o preço que a agência espacial americana NASA quer cobrar dos turistas espaciais privados na Estação Espacial Internacional (ISS). Isso foi anunciado em meados de 2019 como parte de um plano para abrir comercialmente a ISS[90]. O domicílio não é medido em metros quadrados, mas sim em metros cúbicos (pouco menos de 400) pois, devido à ausência de gravidade, é possível ocupar todo o espaço, e não apenas o chão. Seis compartimentos privados ("alojamentos para a tripulação") para astronautas são nele distribuídos, cada um com cerca de dois metros cúbicos de tamanho[91]. Os hóspedes pagantes devem dividir dois banheiros, especialmente concebidos para a ausência de gravidade. Podemos ler em várias memórias de astronautas que ir ao banheiro não é tão fácil. Portanto, ninguém pode dizer que não foi avisado. Não há chuveiros. Como em Las Vegas, também há equipamentos de ginástica na ISS. Enquanto alguns em Las Vegas podem usá-los para queimar as calorias de um grande menu gourmet, o treinamento na ISS é obrigatório para neutralizar o encolhimento de músculos e ossos sob a falta de gravidade. O preço acima inclui os custos do sistema de suporte de vida, que recicla o ar respirável e a água, entre outras coisas – esta última é exatamente o que você pode imaginar: a recuperação da água da urina. Também estão incluídas no preço três refeições por dia (terrestre) e medicamentos. Eletricidade e internet, porém, são extras, – cobram-se quarenta e dois dólares por kw/hora de eletricidade e cinquenta dólares por gigabyte de dados. Para uma estadia, também é preciso treinar ao menos conhecimentos básicos da língua russa, que é um pré-requisito, por ser uma das duas principais línguas da ISS. Por enquanto a ISS (ainda) não oferece pontos de fidelidade como um hotel. Mas uma coisa é imbatível e muito melhor do que Las Vegas: a vista. De uma altura de 400 quilômetros, podemos olhar, de um lado, a Terra (que a ISS circula a cada noventa minutos) e, do outro, para as estrelas, o Sol e a Lua.

Então, esse preço para a ISS – apenas um terço do valor da suíte em Las Vegas – não é um bom negócio? O problema é que, infelizmente, existem custos adicionais para viagens de ida e volta. Mesmo presumindo que não usaremos um voo normal programado para nossa estadia em Las Vegas, mas fretaremos um bom jato particular, isso custará, no máximo, algumas centenas de milhares de dólares[92]. Já o voo de ida e volta em foguete para a ISS, contudo, custa cinquenta e cinco milhões de dólares, se reservado por meio da empresa americana *Axiom*. Se considerarmos dez dias de estadia e o preço da diária informado pela NASA (citado acima), os custos de acomodação incluídos seriam menos de um por cento do preço total. O restante não vai apenas para o voo – há também outros custos de preparação e, naturalmente, a *Axiom* tem que ganhar algo com isso. No passado, viagens privadas à ISS custaram entre vinte e trinta milhões de dólares, em média por pessoa.

Houve, até o momento (de redigir esta edição deste livro), sete turistas espaciais para a ISS. Tudo começou com o americano Dennis Tito, em abril de 2002. Depois vieram: o sul-africano Mark Shuttleworth em 2003; o americano Greg Olsen em 2005; o iraniano-americano Anousheh Ansari em 2006; o húngaro-americano Charles Simonyi em duas ocasiões, em 2007 e novamente em 2009 (provavelmente gostou muito e não precisa necessariamente economizar); o britânico-americano Richard Garriott em 2008 e o canadense Guy Laliberté em 2009. Todos são empresários ricos – principalmente do setor de tecnologia, mas também do financeiro (Tito), e Laliberté é o fundador da turnê mundial do circo Cirque de Soleil. A primeira pessoa fora do setor empresarial deveria ter sido a cantora britânica Sarah Brightman em 2015, mas ela acabou cancelando a viagem. Faço votos que, num futuro próximo, vejamos alguns artistas e atletas muito ricos no espaço. Um dos candidatos parece ser o ator americano Tom Cruise, que deve voar para a ISS nos próximos anos para filmar partes de um filme lá. No entanto, teremos que esperar um pouco mais até termos pacotes turísticos para o espaço.

Já se passou mais de uma década desde a missão de Laliberté, mas em 2021 o turismo espacial orbital (e suborbital, como veremos) foi retomado. Apesar do preço elevado, a *Axiom* aparentemente já vendeu muitos lugares para turistas espaciais ricos, e o primeiro voo, a missão *Ax-1* com três convidados pagantes, poderá voar durante o ano de 2021. O mesmo vale para a Missão *Inspiration 4*, que o empresário americano Jared Isaacman comprou da *SpaceX* e para a qual convidou três outros participantes. A *Inspiration 4* não atracou na ISS, mas circulou a

Terra como um *freeflyer*. Ambas as missões, *Ax-1* e *Inspiration 4*, usam a cápsula *SpaceX Crew Dragon*. Os participantes também têm que ser aprovados em um curso de treinamento com duração de várias semanas.

A empresa americana *Space Adventures*, que já organizou os voos privados anteriores para a ISS, também anunciou que vai novamente transportar turistas espaciais para a Estação, embora usando a cápsula russa *Soyuz*. O preço por pessoa é confidencial.

Até agora, viajantes nunca ultrapassaram a órbita baixa da Terra nem voaram para o chamado espaço profundo, e as novas missões *SpaceX* também manterão esse padrão. Mas a *SpaceX* já está planejando mudar isso para os próximos anos. Dizem que o bilionário japonês Yusaku Maezawa, que fez fortuna com uma empresa de moda na internet, deverá rodear a Lua na nave *SpaceX-Starship* sem pousar (semelhante à missão *Apollo 8*). Como a *Starship* ainda não está pronta, essa missão deve ocorrer em 2023, no mínimo. O colecionador de arte Maezawa originalmente queria convidar vários artistas para acompanhá-lo ao espaço, onde deveriam se deixar inspirar pela Lua. No final de 2019, Maezawa até começou a procurar publicamente por uma companhia feminina para essa viagem mas, apesar das respostas avassaladoras, desistiu de seu projeto "por motivos pessoais". Por fim, as vagas para os convidados de Maezawa serão alocadas por meio de um processo de inscrição mundial. A quantia que o bilionário está colocando na mesa para essa missão é confidencial, mas também podemos fazer umas contas aqui: como o trajeto será até a Lua, e não apenas a uma órbita terrestre baixa, podemos calcular com toda segurança, de início, até 200 milhões de dólares. Elon Musk já mencionou que o dinheiro será bem gasto: o pagamento de Maezawa visa a cobrir uma parte não desprezível dos custos totais de desenvolvimento da *Starship*, que ele já estimara em outra ocasião em cinco bilhões de dólares. Diante desse cenário, pode-se estimar que Maezawa pagou várias centenas de milhões de dólares por sua passagem. Em comparação com as missões lunares *Apollo*, que (incluindo as que falharam) custaram cerca de 152 bilhões de dólares após o ajuste da inflação[93]; ou seja, cerca de 17 bilhões de dólares por missão, este é um preço razoável.

Por outro lado, cinquenta e cinco milhões por pessoa para uma missão para a ISS parecem ser uma pechincha, mas são extremamente caros em comparação com outros números já conhecidos. Tínhamos visto que um voo de carga em uma cápsula da *SpaceX* custa hoje menos de 3.000 dólares por quilograma, e talvez apenas algumas centenas de dólares em alguns anos. Supondo um peso médio de 78 quilos[94] e um preço de 3.000 dólares, então colocar uma pessoa em órbita teria um custo em torno de 234.000 dólares. Este é, obviamente, um cálculo irrealisticamente simplificado. Os itens de frete, principalmente satélites, são transportados em uma carenagem (em inglês, "*fairing*") de carga útil especial. Essas carenagens custam na *SpaceX* cerca de seis milhões de dólares cada, e a empresa agora está tentando cada vez mais reutilizá-las – após o lançamento de um foguete pela *SpaceX*, uma nave especial com uma enorme rede sai para literalmente pescar a carenagem caindo do espaço (em duas metades). Isso é o suficiente para transportar satélites para o espaço. Isso se torna mais complicado com voos de carga para a ISS, para os quais são necessários aparelhos eletrônicos de voo e outros dispositivos que permitem a aproximação e a atracação. Se a cápsula for retornar à Terra, é necessário equipamento adicional, por exemplo, materiais especiais que possam suportar o grande calor durante o retorno à atmosfera terrestre. Na *SpaceX*, esses voos são realizados pela cápsula *Dragon*. Para transportar pessoas, ainda é preciso mais: uma cápsula com sistemas de suporte à vida, ar respirável e com temperatura e pressão adequadas. Essa cápsula é obviamente muito mais cara do que os seis milhões de uma carenagem. Os custos de desenvolvimento, que um empresário tem de recuperar com o tempo, também são muito maiores. A preparação e o acompanhamento de um voo com pessoas também acarretam mais esforço e, consequentemente, custos.

O uso pioneiro de projetos recém-desenvolvidos e tecnicamente complexos pelos super-ricos e por governos não é nenhuma novidade: não foi diferente com os primeiros voos, computadores e telefones celulares. Os grupos privilegiados neste aspecto também possibilitam, em certa medida, o desenvolvimento de novos produtos e a consequente comercialização em massa. Elon Musk resumiu isso muito bem quando falou sobre a importância do dinheiro de Maezawa para o desenvolvimento da *Starship*.

Mas também existem alternativas mais baratas para viajar ao espaço: voos suborbitais, nos quais nenhuma órbita terrestre estável é alcançada, mas a nave "apenas" voa para cima e para baixo. Em seu ponto mais alto, esses voos alcançam o que é em geral considerado espaço, normalmente 100 quilômetros. Essa altura também é chamada de Linha Kármán, em homenagem ao físico húngaro-americano Theodore von Kármán. A importância desta altitude é, entre outras coisas, que a partir dela não é mais possível um voo normal (com asas), pois a atmosfera se torna muito rarefeita. Para o turista espacial, no entanto, outras características dessa altitude são provavelmente mais importantes; por exemplo, seu reconhecimento como uma fronteira para o espaço pela Federação Astronáutica Internacional. Isso significa poder ser chamado oficialmente de astronauta, recebendo, por assim dizer, a consagração do "batismo do equador para o espaço". Neste ponto da altura da ISS, podemos ter todas as experiências que normalmente são associadas ao espaço: vemos toda a Terra redonda e, acima da faixa azul muito estreita da atmosfera, o céu é escuro e cheio de estrelas. Alguns minutos sem gravidade também estão incluídos.

Um voo suborbital é muito mais fácil do que um orbital, não precisando assim de uma velocidade muito alta para permanecer em uma órbita estável. É por isso que o primeiro voo espacial (não tripulado) – um foguete alemão V2, em 1944 – foi suborbital. O primeiro voo tripulado dos americanos também foi suborbital: Alan Shepard no *Mercury-Redstone 3,* em maio de 1961. Também um voo suborbital e, portanto, interessante neste contexto, foi o primeiro voo espacial tripulado de uma nave privada, a *SpaceShipOne,* em junho de 2004. Esse voo fazia parte de um concurso aberto pela Fundação *X-Prize* para a execução bem-sucedida de dois voos tripulados ao espaço. Através de uma doação da família Ansari (Anousheh Ansari voaria mais tarde para a ISS como turista espacial), o prêmio em dinheiro aumentou de alguns milhões para dez milhões de dólares[95]. O *SpaceShipOne* não é um foguete normal (como também não o é o modelo que o sucedeu, o *SpaceShipTwo*), lançado verticalmente do solo. Em vez disso, é levado a uma altitude de quatorze quilômetros por uma aeronave especial, quando então se desprende, ligando seu motor. O pouso ocorre em uma pista, como qualquer aeronave convencional.

A licença para a tecnologia por trás da *SpaceShipOne,* originalmente desenvolvida e construída pelo lendário designer de aeronaves americano Burt Rutan e sua empresa *Scaled Composites,* foi concedida em 2004 à *Virgin Galactic,* uma empresa recém-formada dentro do grupo *Virgin,* que pertence ao bilionário britânico Richard Branson. A *Virgin Galactic* foi criada para levar passageiros privados ao espaço em voos suborbitais, e começou já em 2007 a pré-venda de passagens. Ao longo dos anos, mais de 600 pessoas compraram essas passagens a um preço entre 200.000 e 250.000 dólares, bem abaixo dos preços dos voos espaciais orbitais, mas mesmo assim ainda caros demais para o cidadão comum. Entre os clientes estão Angelina Jolie, Brad Pitt, Paris Hilton, Tom Hanks, Justin Bieber e Michael Schumacher. Niki Lauda e Stephen Hawking também constavam da lista, mas infelizmente morreram antes do primeiro voo[96]. A orgulhosa receita total dessas pré-vendas – bem mais de cem milhões de dólares – certamente foi uma fonte significativa de financiamento para a empresa, junto com os investimentos do próprio *Virgin Group* e fundos dos Emirados Árabes Unidos. A *Virgin Galactic* fundiu-se com a *Social Capital* em 2019, para a qual o bilionário do Facebook Chamath Palihapitiya levantou $ 600 milhões na bolsa de valores em 2017 – com o único objetivo de encontrar uma empresa interessante e comprar uma participação nela – exatamente, um SPAC. Ele então encontrou essa empresa na *Virgin Galactic*. Como a *Social Capital* já havia entrado na bolsa e não tinha nenhum ativo além de dinheiro, como resultado desta transação a *Virgin Galactic* estava agora efetivamente com capital aberto – a primeira empresa de turismo espacial de todos os tempos e ainda uma das poucas empresas de capital aberto com foco no espaço. Consequentemente, a empresa foi renomeada como *Virgin Galactic* e recebeu o símbolo "SPCE" (para espaço). Em julho de 2021, a hora finalmente chegou: Richard Branson voou para o espaço com alguns colegas da *Virgin Galactic!* A empresa, porém, não usa a linha Kármán como referência do início do espaço, mas uma definição alternativa da Força Aérea Americana que permite que o espaço comece a cinquenta milhas (cerca de oitenta quilômetros) acima da superfície da Terra. A propósito, a *SpaceShipTwo* não atinge uma altitude de cem quilômetros, mas consegue ultrapassar a marca de oitenta quilômetros. Agora, a empresa espera começar a voar com clientes pagantes a partir de 2022. As vendas de passagens também estão começando novamente – mas agora com o preço aumentado para 450.000 dólares.

A *Virgin Galactic* foi a pioneira no turismo espacial suborbital, mas já não está mais sozinha nesse longo corredor. A *Blue Origin*, a diversificada empresa espacial de Jeff Bezos, desenvolveu o foguete suborbital e a cápsula *New Shepard*, batizados em homenagem a Alan Shepard. O *New Shepard* pode voar com cargas úteis – principalmente experimentos que deverão ser realizados sob microgravidade – ou com até seis pessoas. O *New Shepard* é um foguete que decola verticalmente, e seu primeiro estágio pousa novamente na vertical, exatamente como os primeiros estágios dos foguetes *Falcon* da *SpaceX*. Durante o voo, a cápsula se separa e pousa no final por paraquedas, auxiliados por retrofoguetes para a frenagem. Após vários voos-teste não tripulados bem-sucedidos, o *New Shepard* finalmente voou com pessoas a bordo, incluindo o próprio Jeff Bezos e seu irmão Mark. Também havia a pessoa mais velha e a mais jovem que já voaram para o espaço até então. Wally Funk, de 82 anos, já treinava para viagens espaciais na década de 1960, mas naquela época ela não tinha permissão para se tornar astronauta por ser mulher. O mais jovem, o holandês Oliver Daemen, tinha apenas 18 anos na época do voo – seu pai, Joes, um executivo de private equity, havia conquistado o lugar em um leilão conduzido pela *Blue Origin*. O verdadeiro vencedor desse leilão, que fez um lance de 28 milhões de dólares por um lugar no primeiro voo, misteriosamente não pôde embarcar devido a um "conflito de agendas". A pré-venda de passagens para outros turistas espaciais na *New Shepard* provavelmente já deve ter começado. A *Blue Origin* não deverá ter problemas de vendas – seu proprietário também é o fundador de uma modesta empresa de comércio eletrônico chamada *Amazon*. Embora os preços das passagens ainda não sejam conhecidos publicamente até meados de 2021, é de se esperar que sejam de magnitude semelhante aos da concorrente *Virgin Galactic*.

Neste ponto, devemos mencionar um possível uso de voos suborbitais que está em um futuro um pouco mais distante: como uma conexão de transporte entre dois lugares na Terra. Com as velocidades que os foguetes suborbitais podem atingir, quase todo tempo de voo na Terra poderia ser extremamente reduzido; por exemplo, de Nova York a Xangai em quarenta minutos em vez de quinze horas, ou de Londres a Nova York em trinta minutos em vez de oito horas (mesmo o Concorde precisava de cerca de quatro horas). A *SpaceX* e a *Virgin Galactic* anunciaram que esses tipos de voos farão parte de seu modelo de negócios em algum momento. É claro que até chegar lá ainda há muito trabalho a ser feito:

em primeiro lugar, ambas as empresas têm que provar que podem realizar voos suborbitais "normais"; a *SpaceX* gostaria de usar para esses voos sua *Starship*, que voou apenas algumas vezes até agora. As empresas também terão de convencer os órgãos de controle de tráfego aéreo em todo o mundo a permitir esses voos. Isso envolve questões que incluem a segurança dos passageiros, os perigos do uso de foguetes perto de áreas metropolitanas e a aceitação de explosões sônicas (que tais velocidades naturalmente causam). A presidente da *SpaceX*, Gwynne Shotwell, definiu em 2018 que os próximos dez anos seriam um prazo possível. Elon Musk acrescentou que os preços dos bilhetes para esses voos devem ser comparáveis aos dos bilhetes da classe econômica totalmente flexível. Isso é conversa, porque tais passagens custam cerca de 2.000 dólares para um voo entre Frankfurt e Nova York, nem mesmo um centésimo do preço da passagem da *Virgin Galactic*, embora pudéssemos ter experiências comparáveis como a vista da Terra, uma curta fase de ausência de gravidade etc. Caso tais "linhas regulares de voos suborbitais" realmente funcionassem a tais preços, provavelmente dizimariam duas áreas de negócios ao mesmo tempo: os voos suborbitais de turismo espacial, que ainda não foram implementados, mas principalmente os importantes voos de longos trechos em Terra, que atualmente são oferecidos em jatos por companhias aéreas tradicionais. Essa concorrência terá de ser levada em conta pelos aeroportos (e pelas companhias aéreas aí sediadas) que atualmente funcionam principalmente como escalas – por exemplo, Dubai e Istambul, que servem como pontos de ligação entre a Europa e a Ásia.

Gostaria agora de tratar de duas variantes de "turismo espacial", que não chegam a entrar no espaço (conforme definido acima), mas que, no entanto, oferecem pelo menos uma ideia da experiência espacial. Por um lado, existem os chamados voos "G zero", nos quais aeronaves normais voam repetidas parábolas e, assim, criam trinta segundos de gravidade zero por parábola para os passageiros da aeronave. Essas ofertas existem há muitos anos e já as mencionamos em um capítulo anterior. Os custos ficam na casa de alguns milhares de dólares. Nos voos estratosféricos, se os passageiros não experimentam a ausência de gravidade, podem ao menos ter uma espécie de visão do espaço (céu negro com estrelas e uma visão clara da curvatura da Terra). Esses voos foram oferecidos por muitos anos por jatos militares russos MIG a passageiros civis por cerca de 20.000 dólares. Uma nova variante desses voos estratosféricos foi anunciada pela startup americana *Space Perspective* em junho de 2020: a empresa quer usar balões especiais para voar com até oito passageiros em uma cápsula bastante espaçosa (incluindo banheiro) por várias horas, e por um preço de 125.000 dólares.

Independentemente de quais opções de transporte existam no final, o mercado potencial para o turismo espacial pode ser significante, mesmo se ignorarmos os voos suborbitais entre diferentes cidades na Terra. Existem atualmente quase quarenta e sete milhões de milionários no mundo[97]. Mesmo que um em mil desses milionários gaste 50.000 dólares em viagens espaciais uma vez por ano, a receita total da indústria do turismo espacial seria de mais de 2 bilhões de dólares anuais. Viagens de aventura e luxo existem hoje em dia aos montes – iates fretados, expedições ao Monte Everest e a outras montanhas, viagens à Antártida, safáris de luxo –, de modo que este mercado certamente terá espaço para novas ofertas. A estimativa de 50.000 dólares em vez do preço atual mais alto é um cálculo bastante simplificado, pois os valores deverão cair com o tempo. Por um lado, isso se deve à queda real dos custos; por exemplo, simplesmente devido ao maior número de foguetes e às economias de escala associadas. Por outro lado, devido à relação entre oferta e demanda, o nível de preços atual é ainda mais alto: a *Virgin Galactic* já tem que trabalhar com uma carteira de mais de 600 passagens vendidas e parece ter mais demanda – por que então o preço deveria cair? Pelo contrário: como eu disse, a empresa aumentou o preço da passagem para 450.000 dólares! Mas se os preços caírem em algum ponto, devemos esperar um efeito de elasticidade e, portanto, um aumento da demanda. Uma passagem de 50.000 dólares é, obviamente, acessível para muito mais pessoas do que uma passagem nove vezes mais cara.

Como um empresário pode participar desse mercado potencial de bilhões de dólares? Uma opção é oferecer os voos. No entanto, este segmento de mercado é muito intensivo em capital e já tem concorrentes muito fortes como a *Blue Origin*, a *Virgin Galactic* e a *SpaceX*. Os voos Zero-G e MIG foram estabelecidos e ocuparam nichos de mercado por muitos anos. Estações espaciais privadas (em algum momento poderemos simplesmente chamá-las de "hotéis") já estão sendo planejadas; por exemplo, pela startup americana *Axiom*, que a NASA selecionou em janeiro de 2020 para conectar um módulo privado à ISS. É claro que esses modelos de negócios exigem capital intensivo: além do desenvolvimento e da fabricação dos módulos, incorrem os custos de transporte para o espaço. No extremo mais baixo da intensidade de capital estão as corretoras de viagens espaciais, por assim dizer "puras", agências de viagens e operadoras de turismo. A pioneira nesta área é a empresa americana *Space Adventures*, que também organizou todas as expedições privadas da ISS até agora. No futuro, entretanto, espera-se que a demanda aumente drasticamente em todo o mundo, de modo que deve haver espaço suficiente para muitas dessas empresas intermediárias. Também surgirão outras oportunidades indiretas de negócios, como consequência do aumento do número de turistas espaciais. A preparação médica e o monitoramento de tais turistas não treinados profissionalmente ainda é uma questão em aberto. Todos os astronautas profissionais têm seu "cirurgião de voo" designado (que, em princípio, corresponde ao "médico de navio", só que aqui se trata de segurança médica em viagens espaciais). Com o aumento do número de passageiros, haverá também uma maior necessidade de tais serviços médicos, para que os passageiros que não tenham formação profissional possam iniciar a viagem mais longa da sua vida igualmente despreocupados.

E, de qualquer forma, será a maior jornada de uma vida: cada pessoa que realizou um voo privado para o espaço voltou extasiada.

CAPÍTULO 12

Outros modelos de negócios

*"Venha comigo e você estará em um mundo de pura fantasia,
arrisque uma olhada e você verá a sua imaginação."*
(Charlie e a Fábrica de chocolate[98])

No banco de dados de minha empresa constam atualmente cerca de milhares de startups no setor espacial. Muitas delas estão trabalhando em modelos de negócios que já abordamos em capítulos anteriores, como comunicação por satélite, observação da Terra ou turismo espacial. Mas é claro que essa variedade de empresas também inclui modelos de negócios que não podem ser atribuídos a nenhuma das categorias descritas, mas que ainda são interessantes. Alguns deles eu gostaria de apresentar aqui.

Antes mesmo que alguém lance seus próprios satélites no espaço, é possível agora recorrer a uma série de empresas que oferecem a chamada "missão como serviço" (*Mission-as-a-service* /MaaS) ou "constelação como serviço" (*Constellation-as-a-Service* /CaaS). Talvez alguém tenha uma boa ideia de negócio para observação da Terra e até mesmo a tecnologia de sensores necessária, mas não sabe como se monta um satélite, como providenciar toda a papelada para as autoridades, como reservar lugar em um lançamento de foguete ou como encontrar estações terrestres para monitorar seus próprios satélites e receber seus dados. As empresas MaaS podem cumprir algumas ou todas essas frentes de trabalho obrigatórias. Algumas têm a capacidade de integrar satélites internamente; outras trabalham com os diversos fabricantes de satélites. A taxa de remuneração das empresas MaaS geralmente é calculada como uma porcentagem dos custos da missão. Exemplos dessas empresas são a americana *Astro Digital,* a inglesa *In-Space* e a *Precious Payload,* em Abu Dhabi.

Uma vez que os satélites estejam prontos e um foguete tiver sido reservado, será preciso um local de onde o foguete possa ser lançado. Até agora, estas foram em sua maioria estações espaciais bem conhecidas, como Cabo Canaveral na Flórida ou Baikonur no Cazaquistão, todas de propriedade pública. Hoje, as empresas de foguetes continuam a usar esses grandes portos espaciais, mas também começaram a construir os seus próprios. Em maio de 2017, um foguete da empresa neozelandesa-americana *Rocket Lab* foi lançado a partir do próprio porto espacial Mahia, na Ilha do Norte da Nova Zelândia[99]. Para os voos de seus foguetes suborbitais, a *Blue Origin* usa Corn Ranch, no oeste do Texas, que pertence ao proprietário da empresa, Jeff Bezos[100]. A *SpaceX* está trabalhando na *Starship* e também realizando testes em uma propriedade privada no Texas, em Boca Chica, no Golfo do México. Além de lançamentos a partir do Cabo Canaveral, a *SpaceX* também gostaria de lançar sua *Starship* de lá no futuro. Existem até startups que são independentes de empresas de foguetes e que têm o espaçoporto como modelo de negócio – por exemplo, *Southern Launch,* na Austrália, e *SaxaVord* (até recentemente chamada Shetland *Space Center).* Órgãos públicos já reconheceram o potencial das novas viagens espaciais comerciais e já fazem planos para portos espaciais públicos em vários lugares; por exemplo, em Michigan[101], nos EUA, no Japão, na Noruega, na inglesa Cornwall[102], na Alemanha (no centro de uma plataforma no Mar do Norte[103]) e em muitos outros lugares. O pioneiro desses novos espaçoportos públicos foi o *Spaceport America,* construído pelo governo do estado americano do Novo México e alugado à *Virgin Galactic.* Quando o novo ramo das viagens espaciais realmente ficar robusto, precisaremos cada vez mais desses espaçoportos em todo o mundo. Este será o caso principalmente se, em algum momento, foguetes suborbitais conectarem cidades na Terra com voos de longo curso. Os portos espaciais poderiam então se tornar quase tão normais quanto os grandes aeroportos internacionais o são hoje. Esses aeroportos costumam ser propriedade de empresas privadas ou, pelo menos, são alugados para elas a longo prazo. Podemos esperar algo semelhante para os portos espaciais futuros, sobretudo porque os investidores privados apreciam esse tipo de investimento em infraestrutura, por causa de suas receitas constantes e previsíveis.

Nosso satélite já decolou e está em órbita. É muito comum que os satélites não cheguem diretamente em sua órbita de destino final por compartilharem o foguete com outros satélites, que são quase todos liberados no mesmo lugar. Com o programa de compartilhamento de carona (*Rideshare*), recentemente lançado pela *SpaceX*, esses voos compartilhados serão ainda mais comuns a partir de agora. Até satélites da mesma empresa frequentemente compartilham voos – basta ver os lançamentos dos satélites de comunicações *Starlink* da *SpaceX*, nos quais sessenta satélites são ejetados de um foguete *SpaceX* no mesmo local e, em seguida, com a ajuda de seus próprios motores de bordo, atingem suas posições de destino durante um determinado período de tempo. Esse uso de motores próprios ainda é a norma no momento, mas nem todos os satélites têm motores próprios, e essa manobra até o destino demanda muito propelente. Carregá-lo significa peso adicional a ser pago quando o foguete for lançado. Além disso, manobrar com os motores elétricos normais de satélite (que são muito eficientes, mas não muito potentes) é muito lento. Portanto, várias empresas, como por exemplo a californiana *Momentus* e a italiana *D-Orbit*, buscam o modelo de negócios de um tipo de rebocador espacial (baseado em rebocadores que puxam barcaças em rios) ou, em inglês, *Space Tugs*. Esses rebocadores são as vezes concebidos como naves espaciais que estão permanentemente posicionadas em órbita. Eles recuperariam um satélite após seu lançamento e ejeção e o levariam ao seu destino. Além de o satélite não precisar carregar propelente próprio, uma outra vantagem é que ele pode chegar mais rápido ao seu destino. O rebocador pode ser equipado com um motor potente (produtor de alto empuxo), o que é desnecessário para o satélite, pois ele não precisa desse tipo de motor após ter alcançado seu destino.

Para realizar este trabalho em órbita a longo prazo, o ideal seria que esses rebocadores pudessem ser reabastecidos em órbita. O reabastecimento não tem sido a norma em satélites (ou em qualquer tipo de espaçonave) até agora. Talvez isso cause surpresa, mas a tecnologia adequada ainda não foi desenvolvida. Os satélites simplesmente recebem propelente suficiente para uma determinada vida (no passado, muitas vezes, por quinze anos) e é fato consumado que o satélite será perdido quando o propelente acabar, devendo ser substituído. Especialmente no caso de satélites mais novos, menores (e mais baratos) para comunicação e observação da Terra, tal troca é calculada conscientemente após cerca de cinco a sete anos, uma vez que a tecnologia (rádios, sensores, etc.) da carga útil deve ser substituída. Apesar disso, faria sentido que todos os tipos de satélites pudessem pelo menos dispor da opção de reabastecimento. Este é exatamente o modelo de negócios que a empresa americana *Orbit Fab* está perseguindo - basicamente, trata-se de um posto de gasolina em órbita. Como primeiro passo, a *Orbit Fab* desenvolveu um sistema de reabastecimento padronizado, incluindo uma porta de reabastecimento padronizada para satélites. A empresa agora está tentando convencer os construtores a desenvolver essa porta em seus satélites para que a opção de reabastecimento através do *Orbit Fab* exista no futuro. Como uma segunda etapa, a *Orbit Fab* colocaria em órbita espaçonaves-tanque com propelentes comuns. Os rebocadores acima referidos levariam satélites vazios para o posto de gasolina da *Orbit Fab* e também os trariam de lá.

Como alternativa ao reabastecimento, uma pequena espaçonave, equipada com motores suficientemente abastecidos, pode ser enviada até os satélites que ficaram sem propelente. Lá, a espaçonave acopla-se ao satélite e passa a atuar como seu novo motor. A primeira demonstração em órbita bem-sucedida dessa tecnologia ocorreu na primavera de 2020, quando uma nave especial (*Mission Extension Vehicle*) da grande empresa norte-americana *Northrop Grumman* atracou junto a um satélite de comunicações geoestacionário da empresa *Intelsat*[104].

Existe um uso para satélites em órbita que ainda nem mencionamos, embora seja provavelmente o mais importante hoje em dia: a navegação por satélite. Ela usa uma constelação de satélites para que pelo menos quatro deles estejam sempre em contato com um usuário (ou dispositivo do usuário) na Terra. Com a ajuda de uma simples geometria, é possível determinar a posição do usuário na Terra, e isso em um raio de alguns metros, com sistemas de navegação disponíveis gratuitamente – e, com muito mais precisão (muito menos de um metro), usando sistemas militares. É claro que essa tecnologia permite, entre outras coisas, qualquer transporte autônomo (robótico). Não abordaremos em detalhes esses chamados sistemas globais de navegação por satélite (GNSS), entre outras razões, porque os próprios sistemas de satélite – provavelmente devido à sua importância estratégica – são todos de propriedade pública. Os americanos (com seu GPS) e soviéticos (com seu GLONASS) desenvolveram os primeiros sistemas na década de 1970. A versão civil do sistema americano tornou-se tão difundida que usamos até hoje o nome GPS para sistemas de navegação em vez do termo mais geral GNSS. Mais tarde vieram os sistemas dos europeus (Galileo), da China (BeiDou), da Índia (NavIC) e do Japão (QZSS). Embora os próprios sistemas estejam nas mãos do governo, ainda existem oportunidades de negócios nesse campo. Mais evidentes são os benefícios dos modelos de negócios que usam os dados GNSS prontamente disponíveis (civis). Uma outra opção consistiria em desenvolver tecnologias que melhorem a precisão do posicionamento GNSS. Mas agora também existem empresas que desejam criar constelações GNSS privadas; por exemplo, *Xona Space Systems* e *Trustpoint*, da Califórnia.

Quanto mais penetrarmos no espaço, mais importante

será proteger as pessoas e as máquinas da radiação. Este é especialmente o caso de qualquer atividade fora da magnetosfera protetora da Terra, como por exemplo na Lua, em Marte ou no trajeto até lá. Atualmente, quase nada na Terra (exceto, talvez, equipamentos especializados em usinas nucleares) é projetado para suportar altos níveis de radiação. Se nós, humanos, quisermos viver na Lua ou em Marte, teremos que ser capazes de proteger a nós mesmos e nossos dispositivos essenciais (por exemplo, computadores). Existem diferentes estratégias para fazer isso, e todas elas se baseiam, no fim, nas ciências dos materiais. Já existem algumas empresas que se concentram neste problema: A israelense *Stemrad* fabrica roupas especiais para proteger o corpo humano. A inglesa *Space Talos* desenvolveu invólucros que protegem os componentes eletrônicos da radiação prejudicial. Esses componentes também podem ser construídos diretamente de forma a suportar a radiação – o que é oferecido, por exemplo, pela suíça *Ruag*, pela norte-americana *Xilinx* e pela israelense *Ramon Space*.

Observando os maiores setores industriais do mundo, podemos constatar que alguns já chegaram ao espaço: as telecomunicações já há algum tempo; os setores de mineração e farmacêutico ainda estão em um estágio bem anterior. Para alguns outros setores, é mais difícil imaginar como eles podem se beneficiar – pelo menos diretamente – do espaço, como por exemplo as finanças globais (exceto pelos seguros para foguetes e satélites). Uma indústria enorme, que há muito queria se ver no espaço, mas isso não tinha sido economicamente viável até agora, é a de geração de energia. No espaço, temos acesso a locais com radiação solar permanente e o planejamento não está sujeito às variações climáticas. No entanto, os sistemas solares primeiro teriam que ser levados para o espaço por foguetes caros, e a eletricidade gerada teria que, de alguma forma, voltar à Terra, pelo menos enquanto a maior parte da eletricidade ainda for necessária por aqui. Existem tecnologias que transmitem eletricidade por microondas, mas ainda estão em desenvolvimento. No momento, não conheço nenhuma empresa (ou governo) que trabalhe muito especificamente na geração de eletricidade no espaço, mas este é certamente um campo a ser observado e que em breve dará origem a mais startups.

Não é possível, no âmbito deste capítulo, apresentar todas as ideias de negócios e projetos relacionados ao espaço. De qualquer forma, uma coisa podemos afirmar: a criatividade quase não tem limites, como as ideias a seguir demonstram claramente. Você está interessado em fazer publicidade no espaço? Várias empresas nos EUA e no Japão já estão trabalhando nisso. E onde está o fator entretenimento? A empresa japonesa *Star-Ale* já está construindo satélites que ejetam bolas metálicas especiais sob comando para provocar chuvas artificiais de estrelas cadentes no céu. Isso foi originalmente planejado para a abertura dos Jogos Olímpicos de Tóquio. Quem estiver pensando em um funeral no espaço também pode ser ajudado. Enviar um corpo para o espaço ainda é bastante caro, mas se forem apenas as cinzas, empresas americanas como a *Celestis* e a *Elysium* cuidarão disso. Outro importante setor econômico do planeta é a indústria de destilados. A viticultura no espaço só será possível se for criado por lá um outro tipo de agricultura; entretanto empresas como a luxemburguesa *Space Cargo Unlimited* já enviaram vinho para a ISS para maturação especial, e depois o leiloaram.

Pois bem, um brinde aos negócios espaciais!

CAPÍTULO 13

Governos e agências espaciais nacionais

"Aterrissar em outros planetas sempre foi um sonho da humanidade. Nosso objetivo é que os Emirados Árabes Unidos liderem o esforço internacional para tornar esse sonho realidade ".
(Xeique Mohammed bin Rashid Al Maktoum, Emir de Dubai[105])

Um assentamento humano habitável em Marte no ano de 2117. Este é o objetivo do projeto Marte 2117, anunciado pelo Xeique Mohammed bin Rashid Al Maktoum, Emir de Dubai, e pelo Xeique Mohamed bin Zayed Al Nahyan, Príncipe de Abu Dhabi, em fevereiro de 2017. O Xeique Mohammed bin Zayed Al Nahyan descreveu o novo projeto como "uma semente que plantaríamos hoje, esperando que as gerações futuras colham os benefícios"[106]. Considerando que a agência espacial dos Emirados Árabes Unidos foi fundada somente em 2014 (e mesmo o Centro Espacial Mohammed bin Rashid, somente em 2006), não parece excessivamente ambicioso planejar uma cidade em Marte para daqui a cem anos?

Talvez possamos entender um pouco essa ambição se levarmos em conta que há apenas algumas gerações Dubai era uma sonolenta vila de pescadores, e conseguiu empreender um enorme desenvolvimento econômico. Em setembro de 2019, o primeiro astronauta dos Emirados Árabes Unidos voou para a ISS. No verão de 2020, o país chegou a enviar sua própria sonda a Marte, e algumas semanas depois anunciou planos para uma missão à Lua em 2024[107]. Mas a ambição que parece exagerada talvez não seja apenas uma característica árabe. Quando o presidente americano Kennedy anunciou, em maio de 1961[108], que os americanos queriam levar astronautas à Lua e trazê-los de volta à Terra em segurança antes do final da década, tudo pareceu excessivamente otimista. A apenas vinte dias antes, Alan Shepard foi o primeiro americano a voar suborbitalmente ao espaço, com um tempo total de voo de apenas quinze minutos e uma altitude máxima de menos de 200 quilômetros. Devido à sua órbita elíptica, a distância da Lua à Terra varia entre 356.500 e 406.700 quilômetros. A agência aeroespacial NASA, fundada em 1958, foi contratada para realizar a ambiciosa missão lunar. Durante a fase efervescente do programa lunar, o orçamento da NASA era superior a 4% do produto interno bruto dos EUA[109], e mais de 400.000 pessoas trabalharam direta ou indiretamente no sonho de pousar na Lua. Paralelamente aos esforços nos EUA, a União Soviética, que já havia levado o primeiro satélite e o primeiro humano ao espaço, enviou à Lua várias sondas Luna e trabalhou em seu próprio foguete lunar, o gigantesco N1, que jamais voaria com sucesso (foram quatro tentativas malsucedidas). No final, os americanos conseguiram pousar astronautas na Lua e trazê-los de volta antes do fim da década.

Na verdade, os planos eram muito ambiciosos e emocionantes para o período após o pouso na Lua. Por exemplo, a NASA havia começado a trabalhar em foguetes de propulsão nuclear e Wernher von Braun pretendia usá-los para enviar astronautas a Marte – um plano para os anos 1980[110]. Se, naquela época (1972), alguém tivesse dito que, por mais de cinquenta anos, ninguém mais poria os pés na Lua após 1972, provavelmente teria sido alvo de risos espantados. Mas problemas econômicos, guerras e política inicialmente frustraram os sonhos do espaço. Nos EUA, o orçamento da NASA encolheu para pouco mais de um quarto de seu nível máximo em 1972 e, em vez de enviar foguetes nucleares a Marte, decidiu-se construir uma nave reutilizável, o ônibus espacial. Mesmo o programa do ônibus espacial quase não conseguiu superar os obstáculos políticos: após uma votação empatada dos senadores americanos (50 a 50), o programa só foi salvo pela intervenção do então vice-presidente[111].

O programa do ônibus espacial realmente avançou depois disso, e a nave fez seu voo inaugural em 12 de abril de 1981, no vigésimo aniversário do voo histórico de Gagarin. Nesse ínterim, houve também as primeiras estações espaciais orbitais (a americana *Skylab* e a russa *Salyut*), muitas missões de pesquisa, incluindo as sondas *Voyager*, ativas até hoje, e o nascimento do foguete europeu *Ariane*. No quesito viagens espaciais, as décadas seguintes foram, de um modo geral, sobretudo uma combinação de interessantes sondas de pesquisa não tripuladas, voos de ônibus espaciais tripulados e um grande projeto internacional em órbita, iniciado em meados da década de 1990: a Estação Espacial Internacional (ISS).

Façamos agora um salto temporal de duas décadas, indo para o ano de 2018. Os países que gastam mais dinheiro público em viagens espaciais são os EUA, China, Rússia, França e Japão[112]. Além de vários países, é claro que também devemos mencionar a transnacional Agência Espacial Europeia (ESA), que em 2020 teve um orçamento de quase sete bilhões de euros[113]. Muitas dessas agências espaciais apóiam startups com contratos, financiamento ou consultoria. A ESA, por exemplo, tem a sua rede dos chamados BICs (*Business Incubation Centres*) em muitos países europeus, onde jovens empresas espaciais podem receber fomentos na forma de consultoria e financiamento.

No entanto, mesmo nos EUA o orçamento da NASA é pouco menos de meio por cento do produto interno bruto, bem abaixo do nível dos anos 1960. Existem contudo pelo menos duas tendências interessantes por parte das viagens espaciais estatais.

Projetos de prestígio grandiosos e ambiciosos, especialmente focados na Lua e em Marte, parecem ter entrado na moda novamente. Depois que Donald Trump se tornou presidente dos Estados Unidos em 2017, ele reabilitou o *National Space Council* (NSC), um órgão que já tinha existido entre 1989 e 1993 e, sob outro formato, entre 1958 e 1973.

Presidido pelo vice-presidente e com membros seniores, o NSC trata de tudo o que tenha a ver com viagens espaciais. Independente do restabelecimento do NSC, rapidamente ficou claro que a administração Trump seria favorável ao espaço. No final de 2017, o Presidente americano assinou a Diretriz de Política Espacial 1 (*Space Policy Directive 1*), que tem como meta fazer com que a NASA, em cooperação com parceiros do setor privado, leve astronautas de volta à Lua e, pela primeira vez, também a Marte. Em 2019, o vice-presidente Pence anunciou que esse retorno planejado à Lua seria conhecido como o programa *Ártemis*. Na mitologia grega, Ártemis é a irmã gêmea de Apollo, além de deusa da Lua. Até 2024, os astronautas americanos deverão pousar novamente na Lua, incluindo a primeira mulher. A Lua também exerce uma atração em outro lugar. Em 2015, o então Diretor-Geral da Agência Espacial Europeia (ESA), o alemão Johann-Dietrich "Jan" Wörner, propôs o conceito de uma aldeia lunar (*Moon Village*). A ideia de uma aldeia lunar é a de uma cooperação informal entre parceiros internacionais públicos e privados que desejam construir infraestrutura e um assentamento permanente na Lua. Na Índia, a agência espacial estatal ISRO vinha trabalhando desde 2007 na missão *Chandrayaan-2*, que chegou à Lua no verão de 2019. O módulo *Vikram* deveria pousar na Lua, fazendo com que a Índia se tornasse apenas o quinto país (depois dos EUA, Rússia, Japão e China) a fazer tal pouso. *Vikram* tinha até um veículo espacial com ele para explorar a superfície. No último momento, houve problemas durante a descida, e o módulo precisou fazer um pouso forçado. O contato de comunicação não pôde mais ser estabelecido e *Vikram* e seu rover *Pragyan* foram perdidos. Surpreendentemente, este foi o segundo pouso forçado na Lua em 2019. Em abril, o módulo de pouso *Beresheet,* da israelense *SpaceIL,* teve o mesmo destino: durante a descida, houve um problema no último momento. No entanto, o que é notável sobre a missão *SpaceIL* é que ela não recebeu quase nada de dinheiro público, tendo sido financiada quase inteiramente por patrocinadores privados, e a um preço total surpreendentemente baixo (para missões lunares) de menos de cem milhões de dólares. Mas não houve apenas decepções na Lua: em janeiro de 2019, a sonda chinesa *Chang'e-4* fez a primeira aterrissagem na parte de trás do satélite, que desde então tem sido explorada pelo seu rover *Yutu-2*. A próxima sonda chinesa, a *Chang'e-5,* trouxe até mesmo amostras da Lua no final de 2020. Além da Lua, Marte está cada vez mais na moda. Em 2020, três sondas para o Planeta Vermelho foram lançadas, uma da China, outra da NASA e uma terceira dos Emirados Árabes Unidos.

Isso nos leva à segunda tendência no que se refere ao papel dos governos nas viagens espaciais: o número considerável de recém-chegados entre as agências espaciais governamentais. Já falamos da agência relativamente nova dos Emirados Árabes Unidos no início deste capítulo, mas ela não é a única: a Austrália só fundou sua agência espacial em julho de 2018; a Turquia, em dezembro de 2018; e as Filipinas, em agosto de 2019. Também na Europa, novas agências surgiram nos últimos anos na Polônia (2014), Luxemburgo (2018), Grécia (2019) e Portugal (2019)[114]. Luxemburgo é, de fato, um caso interessante que vale a pena ver mais de perto.

Por menor que seja o Grão-Ducado no centro da Europa, em sua história recente foi por várias vezes pioneiro em setores industriais e econômicos: primeiro na produção de aço e depois na gestão de fundos financeiros e TV por satélite – essa última com a grande empresa *SES*, ainda ativa e muito importante. Para garantir o financiamento para a produção dos primeiros satélites SES, Luxemburgo garantiu também parte do fundo de pensões do Estado. Em meados da última década, foi decidido, sob a liderança do então Vice-Primeiro Ministro e Ministro da Economia Etienne Schneider, qual seria a próxima indústria do futuro, na qual o Luxemburgo deverá estar na vanguarda: o setor espacial. Luxemburgo até escolheu um foco ainda mais específico: no setor espacial, eles queriam se concentrar na mineração de matérias-primas no espaço. Isso foi (e talvez ainda seja) tão futurista, que ainda não havia sido proposto por nenhum outro país. Mas Luxemburgo estava falando sério. Em 2017, o país aprovou uma lei espacial[115], que deveria regular as atividades no espaço – uma base legal importante para os empresários. A Agência Espacial de Luxemburgo (LSA) foi fundada em 2018. O governo contratou vários especialistas espaciais experientes, alguns da NASA, para ajudar a construir o ecossistema espacial local.

Na Universidade de Luxemburgo, foram criados novos cursos com foco no espaço; por exemplo, nas faculdades de engenharia e direito. O país também ajudou financeiramente a criar um fundo de capital de risco espacial, que foi lançado no início de 2020 e concede subvenções diretas a novas empresas espaciais, desde que possam demonstrar atividade significativa em Luxemburgo. O Ministro Etienne Schneider promoveu pessoalmente o país como um local para empresas espaciais internacionais. Como costuma acontecer com grandes empreendimentos, também houve contratempos: como parte de seu foco em recursos espaciais, o país fez um investimento direto na mineradora de asteroides norte-americana *Planetary Resources*, que foi vendida, a preço baixo e sob o risco de falência, em 2018[116]. Mesmo assim, todos esses esforços já demonstram resultados: já existem dezenas de empresas em Luxemburgo que têm alguma coisa a ver com o espaço, incluindo filiais de novas empresas importantes, como *iSpace* (viagens lunares) e *Spire* (observação da Terra para previsões do tempo). Qualquer pessoa que planeje uma empresa espacial na Europa hoje e tenha flexibilidade de localização, deve considerar Luxemburgo como uma possibilidade.

Além das agências espaciais estatais, existem outras fontes públicas de dinheiro significativas, ainda que talvez controversas; a saber, as relacionadas com o aparelho de segurança nacional. Como já vimos, sempre existiram satélites de reconhecimento desde o início da era espacial na década de

1960. Esses foram e são, pelo menos nos EUA, construídos e lançados pela indústria privada. Isso beneficia empresas como a *Boeing*, ULA, mas também a *SpaceX*. No espaço, inúmeras tecnologias têm agora o que é conhecido como duplo uso, ou uso dual (*dual use*), o que significa que podem ser usadas para fins civis e militares. Quase todos os subsetores que discutimos neste livro até agora têm um duplo uso. Isso inclui até partes do turismo espacial: um foguete de passageiros suborbital pode, teoricamente, ser usado para movimentos rápidos e globais de tropas. As organizações de segurança nacional nos Estados Unidos incluem o Departamento de Defesa (DoD) e agências de três letras, como CIA, DIA e NSA. Juntos, eles têm um orçamento total de mais de 700 bilhões de dólares, contra os cerca de 23 bilhões da NASA. É claro que apenas uma fração do orçamento de segurança nacional vai para atividades espaciais, mas em números como esses, isso pode representar grandes somas. Isso beneficia tanto empresas estabelecidas quanto startups. A *SpaceX* e a ULA têm contratos de bilhões de dólares com o Departamento de Defesa e as agências mencionadas. Mas mesmo empresas que não são (ainda) «grandes jogadores» do setor podem se alegrar com as injeções de dinheiro: em novembro de 2019, a Força Aérea Americana (*Air Force*) realizou seu primeiro evento de *pitch*, no qual startups espaciais expuseram seus modelos de negócios apresentados em breve apresentações. Doze das empresas receberam, cada, cheques de 750.000 dólares no final do dia[117].

A mais nova organização do aparato de segurança americano é sem dúvida a mais notável, porque se concentra exclusivamente no espaço. A Força Espacial Americana (*U.S. Space Force*) foi estabelecida em dezembro de 2019, combinando e realocando unidades da Força Aérea com foco no espaço. Seu novo emblema pode ser facilmente confundido com o emblema fictício de *Star Trek*. A Força Espacial se tornou a sexta unidade militar americana, ao lado da Força Aérea, Exército, Marinha, Guarda Costeira e Fuzileiros Navais. Suas tarefas são defender os interesses dos Estados Unidos no espaço, defender ataques no e do espaço e nele, também realizar missões gerais[118]. Tudo isso tem utilidade imediata – como já vimos, os países hoje já dependem de satélites de comunicação, observação da Terra e navegação (que também fornecem a base de tempo). Se um inimigo destruir qualquer um desses satélites, as consequências podem ser terríveis. Está provado que vários países já possuem a capacidade de desativar satélites. A Rússia conduziu um teste de arma anti-satélite em abril de 2020. Houve um teste semelhante na Índia em março de 2019 que de fato destruiu um satélite – que, como efeito colateral, trouxe consigo sessenta novos pedaços grandes de detritos espaciais[119]. A China e os EUA também têm a capacidade de destruir satélites e já executaram testes no passado. Quanto mais a economia espacial crescer, mais importante será a capacidade de defender satélites (e outros objetos no espaço; por exemplo, futuras estações espaciais ou bases lunares). Portanto, faz sentido que unidades militares especializadas, como a Força Espacial, monitorem e protejam qualquer interferência nas atividades espaciais, assim como a Marinha monitora e protege as águas internacionais e os navios. Isso explica porque a Força Espacial Americana não é a única unidade militar especializada no espaço. Depois que o ex-presidente Trump anunciou a Força Espacial, a França seguiu o exemplo, no verão de 2019, lançando sua própria unidade espacial. Ela deverá começar com 220 pessoas e um orçamento de cinco anos de mais de quatro bilhões de euros. Suas tarefas são semelhantes às da Força Espacial Americana, mas já se falou em "defesa ativa" e no potencial equipamento de satélites com metralhadoras e lasers[120].

"Agora não consigo me livrar dos fantasmas que evoquei", poderíamos pensar e, de fato, o uso militar das inovações tecnológicas espaciais parece irrefreável. Talvez pudéssemos até ver uma corrida espacial – pelo menos parcialmente militar – entre as superpotências EUA e China. Mas, como costuma acontecer, a moeda tem suas duas faces. Batalhas em órbita baixa ao redor da Terra podem escalar de forma catastrófica em termos de lixo espacial, e devemos torcer para que isso nunca aconteça. Por outro lado, os benefícios militares por meio de investimentos e contratos impulsionarão fortemente a economia espacial – como sempre foi desde o início das viagens espaciais.

PERSPECTIVAS DO
NOSSO FUTURO NO ESPAÇO

CAPÍTULO 14

Lua & Marte

"Em meu governo, vamos recuperar a importância da NASA e vamos retornar à Lua. E depois, chegaremos em Marte."
(Donald Trump, 45º Presidente dos EUA, em 13 de maio de 2019[121])

Estamos no século XXIV. Marte foi colonizado por humanos e tem sua própria república, independente da Terra. A humanidade está atuando em vários asteroides do cinturão, como Ceres e Eros. Lá, milhões de pessoas vivem e trabalham em estações subterrâneas que parecem cidades, completas com lojas, bares, polícia local e gangsters. Em suma: uma sociedade completamente humana. Esse é o cenário da série de TV de ficção científica *The Expanse*; só que agora, talvez pela primeira vez em muitas décadas, pode ser que estejamos caminhando rumo de uma tal visão, como mostra a citação do ex-presidente Trump. É claro que é de grande ajuda que pessoas como Elon Musk também queiram levar a humanidade para Marte. Como podemos tornar tal cenário – sociedades humanas inteiras fora da Terra em vez de apenas astronautas individuais – uma realidade? Este capítulo apresentará alguns aspectos dessa possibilidade, para que no próximo possamos mostrar como as etapas em direção a esse futuro talvez já aconteçam nos próximos dez anos.

Em primeiro lugar, precisamos de uma capacidade de transporte confiável, regular, grande e relativamente barata para os lugares no espaço. Como vimos no início deste livro, estamos trabalhando atualmente nesta "ferrovia para o espaço". Já temos, há décadas, uma capacidade de transporte puro para a Lua, e mesmo para Marte (mesmo que ainda não tripulado), mas que não é nem regular durante os deslocamentos, nem grande ou mesmo barata. Cada módulo da Apollo levou dois astronautas à superfície lunar e alguma carga útil, como por exemplo o veículo lunar que pesava aproximadamente 200 quilos. Essa opção de transporte não oferecia espaço suficiente para construir algo grande na Lua, o que sempre foi alvo de comentários depreciativos. Desta vez estamos mais ambiciosos e não queremos apenas ir e vir, mas ficar, e para isso precisamos de foguetes grandes e regulares. A nave da *SpaceX* poderia se tornar o modelo para esse fim. O sistema da *Starship* é projetado para que a nave possa ser reabastecida na órbita da Terra. Com isso, uma carga útil de cem toneladas poderia ser transportada para a Lua ou Marte – o que já é um bom começo. Seria ainda melhor se essas espaçonaves pudessem ser reabastecidas no local e trazidas de volta à Terra (ou mesmo deslocadas para outros lugares no espaço). Isso também foi levado em consideração no design da *Starship* desde o início. Seus motores usam metano como combustível em vez do querosene comum altamente refinado. O metano pode ser produzido no local a partir da atmosfera marciana, que é rica em dióxido de carbono, através de processos químicos muito simples. Na Lua, oxigênio e hidrogênio poderiam ser extraídos da água congelada lá existente por eletrólise, e ambos os elementos, quando usados juntos, podem impulsionar foguetes. A produção local de propelentes em locais distantes será um requisito necessário e, portanto, uma eventual oportunidade de negócios. É neste ponto que poderiam entrar em cena empresas como a americana *Orbit Fab*, que atualmente se concentra no desenvolvimento de satélites de reabastecimento em órbita.

Para o transporte de humanos a Marte existe um outro fator complicado, mas altamente relevante: a radiação elevada no espaço interplanetário. Quando o rover *Curiosity* voou para Marte, estava equipado com um instrumento que podia medir a radiação ao longo do caminho. Descobriu-se então que a radiação (durante um período de tempo) era mais de três vezes superior à da ISS, e talvez cinquenta vezes mais alta que na Terra[122]. Para levar pessoas em segurança a Marte devemos, portanto, buscar dois tipos de solução: por um lado, uma blindagem eficaz das espaçonaves com materiais de proteção adequados; por outro, uma jornada mais rápida para Marte, com o auxílio de novas tecnologias de foguetes, como a propulsão térmica nuclear.

Outro elemento que será necessário se quisermos construir possibilidades de vida na Lua ou em Marte é a comunicação confiável em torno desses corpos celestes e de retorno à Terra. Independentemente do trabalho que for feito na Lua ou Marte, seja por humanos ou por robôs, as instruções e o controle serão feitos remotamente; por exemplo a partir de uma estação principal na superfície ou uma estação em órbita ou mesmo da Terra (a última só é praticável para a Lua, já que o atraso de comunicação entre a Terra e Marte é muito grande). Para tanto, as conexões de voz e dados devem ser de boa qualidade. Uma possibilidade de se atingir esse estágio seria cercar a Lua e Marte com constelações de satélites de comunicação, semelhantes aos projetos atuais na Terra como *Starlink,* da *SpaceX,* e *Kuiper,* da *Amazon*. Pode ser que essas redes de comunicação lunar e marciana até venham a ser construídas por uma ou ambas as empresas, caso elas vejam potencial econômico suficiente em um período não muito longo. Caso contrário, essa tarefa provavelmente caberá aos governos, pelo menos no início.

Pelo mesmo motivo – possibilitar o trabalho na Lua e em Marte – também será necessário instalar nesses locais uma outra tecnologia, sem a qual nada mais funcionaria na Terra: a navegação por satélite. Isso será necessário para que humanos e robôs possam encontrar facilmente habitats e locais de trabalho, e também transitar entre eles. Já temos bastante experiência com isso na Terra e, com o auxílio de satélites apropriados, essa tecnologia pode ser estendida à Lua e a Marte.

A maior parte dos trabalhos não ocorrerá, de início, em habitats ISS fechados, mas sim na superfície da Lua e de Marte (eventualmente também em tubos de lava). Devido ao ambiente hostil (temperatura, pressão negativa, radiação), as pessoas precisarão de boas roupas espaciais. Essas roupas espaciais são projetadas quase como se fossem complicadas mini-naves espaciais que, além de proteger das condições ambientais, também possuem um sistema de suporte de vida integrado, um sistema de comunicação e monitoramento médico integrado por sensores. É claro que os astronautas da Apollo usaram essas roupas espaciais, só que depois de cinquenta anos, uma atualização é definitivamente necessária. Se quisermos colonizar a Lua e Marte permanentemente, precisaremos dessas novas roupas espaciais em números muito maiores e com custos de produção mais baixos. As máquinas que trabalham na superfície também precisarão de sistemas de proteção, sobretudo contra as radiações que podem afetar a eletrônica, mas também contra a agressiva areia lunar.

Por falar em máquinas – ainda temos que desenvolver modelos adequados para a Lua e para Marte. Por causa das condições ambientais perigosas em ambos, a maior parte do trabalho deve ser realizada por robôs. A Apollo já tinha uma máquina com eles nas últimas três missões, o veículo lunar. Cinquenta anos depois, a robótica é uma prática comum na Terra; por exemplo, em muitas fábricas, mas também na forma de veículos autônomos. Temos que adaptar essas tecnologias terrestres às condições ambientais especiais e às missões na Lua e em Marte. Várias empresas já estão trabalhando nisso. A japonesa *iSpace* está desenvolvendo e testando um rover lunar, e a americana *OffWorld* tem um plano master para desenvolver uma série de robôs para as indústrias de mineração, construção e manufatura[123].

Máquinas e pessoas precisam de energia para funcionar. A energia pode ser gerada por células solares tanto na Lua quanto em Marte. Como Marte está mais longe do Sol, a intensidade da radiação lá é cerca de quarenta por cento menor do que na Terra[124]. Os sistemas solares, para os quais inicialmente será necessário trazer partes da Terra, devem ser configurados primeiro. A startup luxemburguesa *Maana Electric* já está trabalhando em sistemas que podem processar areia da Lua em células solares acabadas. Uma outra fonte de energia possível são as baterias de radionuclídeos (RTGs), que geram energia por decomposição radioativa[125]. Os RTGs têm sido usados regularmente em missões espaciais há cinco décadas, sobretudo no espaço profundo, onde o Sol não é forte o suficiente. Um RTG também aparece no filme *The Martian*. Não basta apenas gerar a energia, é preciso levá-la para onde ela é necessária. Além disso, também é preciso dispor de capacidade de armazenamento de energia, especialmente para as duas semanas de longas noites de Luar. Os RTGs têm aqui uma vantagem, pois podem ser bastante compactos e são práticos de manusear como baterias. Em muitos casos, entretanto, uma infraestrutura de distribuição e armazenamento teria que ser construída para energia solar. Uma sugestão para distribuir eletricidade em máquinas que operam em crateras lunares permanentemente sombreadas é instalar sistemas solares na borda da cratera (onde há luz do sol) e, em seguida, enviar a eletricidade para as máquinas por meio de microondas. Eventualmente poderia até ser possível gerar eletricidade em órbita e enviá-la para a superfície por meio de microondas, caso a tecnologia para isso seja desenvolvida de forma suficiente e com bom custo-benefício.

Como já vimos no capítulo "Habitats no espaço", para a presença permanente de pessoas no espaço são necessários habitats que nos protejam das condições ambientais, bem como sistemas de suporte de vida que respondam às nossas necessidades básicas. As naves espaciais que nos levam até lá já representam nosso primeiro habitat – especialmente se elas tiverem tanto espaço quanto uma nave da *SpaceX*. Na próxima etapa, pode-se procurar por tubos de lava adequados tanto na Lua quanto em Marte, que forneceriam proteção natural contra a radiação e o clima, incluindo uma temperatura razoavelmente constante. Como já mencionamos, a água e o oxigênio podem ser obtidos em ambos os locais a partir da água, que é abundante em seu estado congelado. Levaríamos conosco comida para o período inicial, mas logo em seguida teríamos que nos concentrar no desenvolvimento da produção local de alimentos; por exemplo em estufas especialmente desenvolvidas para esse fim (o *Interstellar Lab*, da França, já vem trabalhando nisso). Os cuidados médicos básicos também devem ser garantidos. No início, teremos que levar da Terra remédios e outros equipamentos médicos, a saúde dos astronautas será monitorada remotamente, com recursos da telemedicina – esta última, porém, é menos praticável devido ao atraso na comunicação em Marte. A longo prazo, medicamentos e equipamentos devem ser produzidos no local (especialmente em Marte) e não poderemos abrir mão de profissionais médicos estabelecidos por lá. Espera-se que os robôs sejam cada vez mais usados na medicina, mas apenas para questões de comunicação pois, mesmo para operações remotas, não podemos contar apenas com médicos monitorando da Terra.

Quando as necessidades críticas de infraestrutura referidas acima e nossas necessidades humanas básicas estiverem garantidas, seremos capazes de pensar no desenvolvimento de outros elementos da civilização humana na Lua ou em Marte. Um guia para a sequência cronológica poderia ser a hierarquia de Maslow (também chamada de pirâmide de Maslow) das necessidades humanas[126]. Na base da pirâmide de cinco camadas estão as necessidades fisiológicas básicas, das quais já falamos em grande parte, com uma exceção, que será discutida a seguir. O segundo nível da pirâmide, o aspecto da "segurança", já foi parcialmente abordado aqui, uma vez que inclui elementos como espaço vital e saúde. Outro elemento deste nível é o "trabalho" – em outras palavras, a possibilidade de ganhar o próprio sustento. Se as pessoas vão ficar permanentemente na Lua e em Marte, é claro que precisam de empregos lá (exceto as pessoas que só podem pagar esta estadia como um prazer especial). Inicialmente, esses trabalhos provavelmente serão em pesquisa e no ramo da infraestrutura crítica. Um pouco mais tarde, a indústria extrativa poderá gerar empregos. E em um futuro ainda mais distante, muitas das profissões que podemos exercer na Terra também poderão se estabelecer no espaço (algumas profissões terão que ser excluídas, pelo menos por um curto período de tempo; por exemplo, tudo o que tem a ver com profissões marítimas). Segurança também significa proteção contra atividades criminosas. O xerife local pode ser um velho clichê de filme de faroeste, mas a partir de um determinado tamanho de assentamento, as forças de segurança também serão necessárias na Lua e em Marte. O tamanho do assentamento também ajudará a atender às necessidades do próximo nível, as "necessidades sociais", que incluem elementos como amizade e comunidade. O estabelecimento de uma infraestrutura torna muito mais fácil atender a essas necessidades sociais, como clubes, restaurantes, etc. Os dois últimos níveis, "necessidades individuais" e "autorrealização", abrangem desejos humanos como liberdade, sucesso, independência e o alcance de nosso potencial máximo. Para isso, os novos assentamentos lunares e marcianos precisam de todos os elementos de uma sociedade humana desenvolvida, incluindo um bom sistema político, ofertas culturais e uma variedade de profissões e atividades.

Mesmo se conseguirmos tudo isso, ainda pode haver algumas necessidades elementares que são difíceis de serem preenchidas simplesmente por causa das condições especiais, pelo menos de acordo com o estado atual de conhecimento. O melhor exemplo é a reprodução humana – a maioria das pessoas provavelmente não estaria disposta a se mudar permanentemente para a Lua ou Marte se não pudesse ter filhos por lá. A ausência de novas gerações também significaria que os assentamentos precisariam de um influxo permanente de novos colonos para sobreviver. Até onde sabemos, nunca houve uma gravidez humana, muito menos um nascimento no espaço. A ausência de gravidade e a radiação são novamente fatores complicados aqui, e muito mais pesquisas serão necessárias.

Em todos os capítulos deste livro, falamos sobre

oportunidades de negócios, e este não será exceção. Haverá muitas dessas oportunidades, inicialmente na construção da infraestrutura crítica e, ao longo do tempo, em cada vez mais áreas de negócios que nos são familiares na Terra. Um problema prático com esses modelos de negócios que se concentram na Lua e em Marte é que o início das atividades, as vendas e os lucros podem estar em um horizonte muito distante – pelo menos, longe demais para muitos investidores. Uma maneira de contornar esse problema é considerar se e como é possível aplicar um modelo de negócios na Terra. Por exemplo, aqueles que desenvolvem bons sistemas solares ou robôs para o espaço provavelmente também podem vendê-los na Terra. A longo prazo, pode valer a pena se a história se repetir: alguns dos pioneiros dos negócios criativos e arriscados que ajudaram a desenvolver o oeste americano acabaram ficando muito ricos.

CAPÍTULO 15

Visões para os próximos dez anos

"É verdade que a terra é o berço da humanidade, mas o homem não pode ficar eternamente no berço. O sistema solar será nosso jardim de infância."

(Konstantin Ziolkowski[127])

O ano é 2030. O ano acabou de começar porque é véspera de Ano Novo. Mais precisamente, acabou de começar pela oitava vez e nós também o brindamos à meia-noite pela oitava vez. A estação espacial privada em que estamos – uma dúzia de turistas espaciais – corre a mais de 28.000 km/ hora em sua órbita terrestre a 400 km acima da superfície da Terra, muito mais rápido do que a própria Terra. Está apenas na metade da véspera de Ano Novo – ao final, vamos ter brindado dezesseis vezes nossas taças de plástico especiais que nos permitem beber na ausência de gravidade. Abaixo de nós, vemos a terra redonda em seu invólucro fino, azul e frágil. Dezesseis anos-novos também nos dá a oportunidade de beber dezesseis vezes, de dizer abertamente alguma oração ou desejar votos a alguém, ou pelo menos pensar em particular. Claro, sempre há votos para nossas famílias, mas em algum momento, como por uma magia especial, sempre chega a hora em que nos olhamos nos olhos e todos fazem o mesmo brinde: "À nossa Terra!" A visão panorâmica que temos da Terra a partir do espaço não deixa ninguém indiferente. Das janelas da sala de convivência de nossa estação, podemos ver a Lua regularmente. Embora não possamos vê-las a uma distância de 400.000 km, sabemos que outras pessoas também celebram o Ano Novo por lá. Eles não celebram dezesseis vezes como nós porque diferentes assentamentos usam diferentes fusos horários da Terra, mas todos celebram esse antigo costume (os cosmonautas russos alguns dias, e os taikonautas chineses algumas semanas depois). Podemos ver ainda menos detalhes em Marte, mas hoje eles também estão celebrando lá que, no decorrer de um ano, eles rodearam uma vez o Sol, que sempre foi o centro do nosso cosmos natal. Nós, humanos, agora vivemos em órbita, na Lua e em Marte. Parece que foi ontem que tudo isso ainda era um sonho para o futuro e que o espaço estava reservado para uns poucos astronautas altamente qualificados. O que aconteceu?

Claro, as primeiras sementes da viagem espacial já foram plantadas há mais de cem anos antes, começando com as teorias dos foguetes de Ziolkowski, passando por Goddard, Oberth & Co., de Braun até a missão Apollo. Mas foi no início da década de 2020, no mais tardar em 2024, que o entusiasmo das pessoas pelo espaço aumentou rapidamente e não parou mais. Após muitos anos de desenvolvimento e algum tempo de espera, várias empresas lançaram voos suborbitais para turistas espaciais privados. Embora apenas seis pessoas pudessem voar por vez e os voos tenham começado lentamente por razões de segurança, em 2024 já havia milhares de pessoas que tinham visto a Terra do espaço. Só isso foi um múltiplo dos menos de 600 astronautas e cosmonautas profissionais que estiveram no espaço em algum momento entre 1961 e 2020. Muito mais importante, porém, é que esses milhares de novos turistas espaciais não eram especialistas cuidadosamente selecionados, mas pessoas normais, de todas as partes do mundo, de todas as idades e culturas, de diferentes profissões. A maioria delas, claro, era abastada (mesmo que algumas tivessem que gastar todas as suas economias no voo, elas pertenciam à classe rica pelos padrões internacionais), mas poderíamos nos identificar com eles, poderíamos nos imaginar lá em cima vendo a Terra redonda cercada pelo espaço negro. Cada vez mais pessoas também conheciam um turista espacial pessoalmente ou por meio de seu círculo de amigos e conhecidos. Em relação à população global como um todo, esse grupo ainda não era maioria, mas era o suficiente nos países desenvolvidos e mais ricos para exercer um efeito perceptível. Nas redes sociais, as fotos que as superestrelas postaram de seus voos espaciais conquistaram milhões de fãs. Paralelamente ao turismo espacial, muitos outros progressos no setor espacial estavam em pleno andamento e também foram seguidos por fãs cada vez mais entusiasmados em todo o mundo; por exemplo, voos-teste da *Starship* da *SpaceX* e pousos de sondas privadas na Lua. As conversas sobre o espaço tornaram-se parte natural da vida cotidiana, seja no bar ou no cabeleireiro. Apenas alguns anos antes, o coronavírus havia invadido o mundo – agora era como se um vírus positivo estivesse por perto e ninguém precisasse ou quisesse dele se proteger.

Em segundo plano, as redes globais de banda larga via satélite também foram expandidas. Isso foi mais bem percebido no início, quando a internet de repente passou a funcionar muito melhor em voos do que antes. Mas, graças a essas redes de satélite e redes celulares 5G, grande parte da humanidade finalmente teve acesso à internet rápida em 2024. Aconteceu justamente na hora certa, já que permitiu que mais pessoas do que nunca participassem de um evento histórico: o retorno do homem à Lua. Quando um astronauta e uma astronauta americanos deram mais um "grande salto para a humanidade", este pôde ser visto e ouvido graças às redes de satélites, na mais alta qualidade de imagem e som. Era como uma das inúmeras videochamadas a que estávamos acostumados depois da crise do coronavírus. Era quase como se nós mesmos estivéssemos estado lá – e poderíamos nos identificar com os dois. Várias gerações, ainda não nascidas na época das missões Apollo, puderam assistir. A frase que todos iriam lembrar desta vez não veio imediatamente após o pouso na Lua, como na Apollo 11, mas quando a astronauta embarcou para o voo de volta e seu colega fechou a porta atrás dela: "Nossa jornada está quase acabando agora. Mas a jornada da humanidade apenas começou." Depois dessa viagem, que bilhões assistiram ao vivo, todas as barragens se romperam. O número de alunos nas ciências naturais e engenharia cresceu rapidamente. Mais e mais empresas espaciais foram fundadas. Artistas pintaram quadros, compuseram canções, escreveram livros. O espaço sempre fez parte de nossa psique coletiva, e agora encontrava sua expressão.

Além do pouso na Lua, que tocou muitos emocionalmente, a "ferrovia para o espaço" também continuou sendo expandida. A nave da *SpaceX* agora voava regularmente para a órbita da Terra e, às vezes, para a Lua. A *Blue Origin* tinha seu grande foguete *New Glenn* e estava trabalhando no ainda maior *New Armstrong*. A NASA tinha o *SLS*. Todos esses foguetes podiam colocar entre cinquenta e cem toneladas de carga útil em órbita baixa. A *Starship*, totalmente reciclável, poderia fazer isso por bem menos de mil dólares o quilo e, graças à capacidade de reabastecimento em órbita, voar muito mais longe. A maioria dos voos tinha e tem até hoje a órbita terrestre como destino. *Starship* e *New Glenn* são usados principalmente para colocar os satélites em órbita para as redes de comunicações. Mas de vez em quando eles também transportam módulos espaciais para pessoas ou máquinas. Muito está sendo produzido em órbita, incluindo fibras ópticas, produtos biológicos e sistemas solares. Várias empresas estão trabalhando para tornar a energia orbital economicamente viável para a Terra também, mas até agora continua sendo melhor simplesmente usar as células solares mais baratas e eficientes desenvolvidas para o espaço na Terra. Tanto as estações espaciais tripuladas quanto as não tripuladas têm crescido cada vez mais. As estações espaciais tripuladas são, por um lado, estações de pesquisa ou produção que precisam de supervisão humana, ou estações de turismo (o termo "hotel espacial" nunca pegou). Devido ao maior número de voos e estações, os preços desses voos espaciais privados diminuíram, mas até agora a demanda ainda é significativamente maior do que a capacidade da oferta, então os preços do turismo espacial têm permanecido absolutamente altos. Os custos, no entanto, caíram drasticamente – agora é quase mais barato construir uma propriedade na órbita da Terra do que em algumas das metrópoles mais caras do planeta. As estações espaciais às vezes parecem uma espécie de marina de Mônaco que entrou em órbita – um *playground* para os ricos. Até mesmo algo equivalente a um iate surgiu recentemente no espaço: pequenas espaçonaves especiais, que foram originalmente desenvolvidas principalmente para fins militares. A *Blue Origin*, sob a direção do fã de O'Neill, Jeff Bezos, está experimentando estações habitáveis cada vez maiores, incluindo a primeira estação a criar gravidade artificial por meio da rotação. O cultivo de plantas nessas estações também está sendo promovido com grande entusiasmo pela *Blue Origin* e algumas empresas parceiras – afinal, você não quer ficar dependente dos alimentos que trouxe consigo para sempre. As órbitas baixas da Terra estão muito mais lotadas agora do que há uma década, com dezenas de milhares de satélites usados para comunicações, observação da Terra, navegação e propósitos militares. Enquanto a órbita é monitorada de perto, tanto da Terra quanto da própria órbita, para evitar colisões, missões de eliminação de satélites defeituosos estão se tornando mais comuns. Parte do treinamento de segurança para turistas nas estações espaciais privadas consiste na rápida evacuação em caso de risco de colisão com lixo espacial.

Parece que estamos voando para a Lua o tempo todo, seja com sondas não tripuladas ou com foguetes tripulados. No início, os astronautas usavam os módulos de aterrissagem como habitat, mas logo eles identificaram (com a ajuda de muitos veículos lunares robóticos autônomos) tubos de lava adequados e começaram a expandi-los para construir assentamento humano (novamente com a ajuda considerável dos robôs trazidos). Uma rede de comunicação baseada em satélite já tinha sido estabelecida há anos. Também no início, as baterias trazidas da Terra serviram como fonte de energia, mas os primeiros sistemas solares logo foram instalados. De maneira semelhante, primeiro levaram com eles combustível, oxigênio e água, mas agora existem vários sistemas de eletrólise totalmente automatizados que extraem oxigênio e hidrogênio da água congelada disponível no local (este último para uso como combustível de foguete). Esses sistemas foram desenvolvidos e financiados por um consórcio de países após algumas negociações, à semelhança do que acontecia com a ISS na década de 1990. Embora a grande capacidade do foguete para voos humanos à Lua esteja até hoje nas mãos dos americanos, fazia parte desses acordos que astronautas de outros países também pudessem voar para a Lua nesses foguetes. Os espaços de convivência e seus sistemas de suporte de vida permitem a presença permanente de pessoas. No momento, são principalmente pesquisadores e astronautas que estão lá para monitorar o desenvolvimento da infraestrutura lunar, mas, semelhante à forma pela qual, alguns anos antes, os primeiros módulos espaciais privados foram ancorados à ISS, a primeira estação turística privada foi há pouco inaugurada ao lado da estação oficial e já recebeu os primeiros convidados. Entre eles estava o bilionário japonês Yusaku Maezawa, que voou ao redor da Lua a bordo de uma nave espacial *SpaceX* em 2025. Já existem planos para uma estação privada muito maior a ser financiada pelo *crowdfunding* de um grupo de milionários e bilionários.

Enquanto o desenvolvimento na Lua seguia seu curso, não se perdia de vista o próximo alvo: Marte. Os voos para a Lua estão se tornando rotineiros, mas o caminho da Terra para Marte (e vice-versa) abre-se apenas aproximadamente a cada dois anos, quando os dois planetas estão próximos em suas órbitas[128]. Em 2020 e 2022, diferentes países enviaram sondas, e todas nos trouxeram valiosos conhecimentos adicionais sobre o planeta. Em janeiro de 2025, um número de *Starships SpaceX* não tripuladas deveria ser lançado para Marte. Mas devido a algumas dificuldades técnicas e à concentração nas missões lunares, isso ainda não foi possível. Esse revés foi uma grande motivação para a *SpaceX* e seus parceiros voarem para Marte na próxima data possível, fevereiro de 2027, e em grande estilo. Dinheiro não é problema: nesse meio tempo, a *SpaceX* lançou com sucesso na bolsa a sua rede de comunicações *Starlink* e se tornou uma das empresas mais valiosas do mundo. A empresa havia aperfeiçoado a produção em massa e estava preparando uma frota de várias dezenas de suas espaçonaves para voar até Marte ao mesmo tempo. Todas essas naves, com sua grande capacidade de carga útil, transportavam vários sistemas para Marte, muitas vezes desenvolvidos em cooperação com empresas parceiras com base em experiências feitas em órbita ou na Lua. Algumas das espaçonaves levaram satélites para o estabelecimento de redes de comunicação, observação e navegação ao redor de Marte. Outras tinham a bordo componentes para sistemas solares, sistemas químicos e estufas. Outras ainda forneceram alimentos, baterias e robôs. Algumas das *Starships* também foram projetadas para serem habitáveis, ou imediatamente autônomas, ou pelo menos até quando sistemas externos de suporte de vida estivessem instalados. Várias delas voaram carregadas de sensores e instrumentos para entender o ambiente durante o voo; por exemplo, no que diz respeito à radiação. Algumas das naves estelares já estavam totalmente equipadas para ocupação humana e tinham a bordo bonecos com nomes como Watley, Alex, Holden e Naomi. Esses bonecos foram equipados com sensores que deveriam monitorar os vários efeitos no corpo humano simulado para a preparação para voos com humanos. Devido aos riscos dessa missão e à perda de sistemas e dados, várias espaçonaves transportaram exatamente a mesma carga – os engenheiros chamam isso de redundância. Os voos tripulados foram planejados para 2027, mas o risco foi classificado como muito alto. Simplesmente faltaram dados, equipamentos no local e tempo hábil para o treinamento. Havia voluntários que queriam voar de qualquer maneira, mas em nenhuma circunstância a empresa queria que o primeiro voo humano a Marte terminasse com um martírio.

No ano de 2029, a hora enfim havia chegado. Eles queriam pousar em Marte o mais rápido possível, no sexagésimo aniversário do primeiro pouso na Lua. Este aniversário foi celebrado na Lua pela primeira vez em grande estilo, e o Memorial Apollo foi inaugurado no Mar do Silêncio. No final de 2028, uma frota de *Starships*, duas delas tripuladas e as demais com materiais, voou em direção ao Planeta Vermelho. O mundo parou naquele momento. Por meses, senão anos, houve inúmeros eventos, programas de TV, filmes e livros que prepararam este ponto de viragem na história humana. Eles explicaram tudo: desde os detalhes prováveis da sequência da missão até as tecnologias de foguetes e a geologia de Marte. Alguns tiveram condições de desfrutar de um voo para as estações espaciais privadas em órbita, de onde se podia, entre outras coisas, assistir ao reabastecimento das naves. No início da jornada de vários meses, a equipe deu entrevistas quase todos os dias, geralmente para crianças em idade escolar. Depois de um tempo, porém, pudemos sentir a magnitude do espaço à medida em que o lapso de tempo na comunicação se tornava cada vez mais perceptível. No momento em que os astronautas entraram em órbita, o atraso havia aumentado para vários minutos. Isso foi tempo suficiente para que não tivéssemos ouvido um desastre ao vivo durante a fase de pouso. Mas eles conseguiram, e desde então estão ocupados construindo infraestrutura elementar na superfície de Marte, como instalações de produção de combustível e estufas. No momento, eles ainda vivem em sua nave espacial, mas todos os dias usam seu veículo marciano e drones especiais para inspecionar vários tubos de lava que podem servir como futuros habitats. O trabalho científico também faz parte da rotina fixa. A presença real de humanos em Marte fez com que o Planeta Vermelho passasse de um conceito abstrato para uma possibilidade real de vida. Os astronautas de Marte são agora as pessoas mais seguidas nas redes sociais. A parte pública de seus *briefings* diários é o programa de vídeo mais assistido do mundo – *reality shows* mostrando potencial para toda a humanidade. Várias empresas foram criadas com o objetivo de trazer colonos "normais" para Marte em alguns anos. Além dos limites e diferenças, todas as pessoas parecem estar pacificamente conectadas com um objetivo comum em mente.

Uma década atrás, todos esses passos – os assentamentos na Lua, o pouso humano em Marte – pareciam estar em um futuro distante; agora eles são quase cotidianos e alguns já definiram para si próprios os próximos objetivos futurísticos. Há uma abundância de novos projetos que estão sendo analisados por agências espaciais e algumas empresas privadas: um elevador espacial entre a superfície lunar e a órbita lunar, propulsão de foguete nuclear-térmica para viagens mais rápidas, especialmente para Marte, a mineração sistemática de hélio-3 na Lua, por reatores de fusão nuclear (que na Terra fizeram grandes avanços nos últimos anos) e a inspeção de asteroides para a extração de matérias-primas. Um grupo da NASA está agora exclusivamente preocupado com as opções para a chamada terraformação de Marte, a mudança artificial no ambiente marciano para que as pessoas possam viver lá muito mais facilmente em algum momento; por exemplo, criando uma atmosfera e até uma magnetosfera.

Pouco mais de dez anos depois de séries de TV como *Mars* e *The Expanse*, o cenário do primeiro parece uma realidade e o do segundo, uma meta alcançável. Como no livro de Júlio Verne, *Da Terra à Lua*, a ficção científica pode nos dar boas pistas sobre nosso futuro.

CAPÍTULO 16

Porque a viagem espacial é importante

"Este ponto azul no espaço é 'aqui', é 'em casa', é 'nós'. Cada pessoa que você ama, que você conhece, de quem você já ouviu falar – cada pessoa que já existiu viveu aqui, neste 'ponto'. Todas as nossas alegrias e tristezas, milhares de religiões, ideologias e teorias econômicas, todo caçador e colecionador, todo herói ou covarde, todo criador ou destruidor de uma civilização, todo rei ou camponês, todo jovem casal, toda mãe e todo pai, todo criança esperançosa, todo inventor e descobridor, todo moralista, todo político corrupto, todo 'superstar', todo 'governante notável', todo santo e todo pecador na história humana viveu aqui - em um grão de poeira, iluminado por um raio de sol."

(Carl Sagan[129])

"Você desenvolve uma consciência global imediata, uma orientação para as pessoas, uma intensa insatisfação com o estado do mundo e uma compulsão para fazer algo a respeito. A política internacional parece tão mesquinha vista da Lua. Você quer pegar um político pela goela e arrastá-lo por umas 250 mil milhas e dizer: olhe para isso, seu filho da puta."

(Edgar Mitchell, Astronauta da Apollo-14[130])

Laptops, mouses de computador, fones de ouvido sem fio, membros artificiais, comida liofilizada, tênis, LEDs, tomografia computadorizada, cobertores de alumínio, travesseiros de espuma de memória e muito mais – todas essas coisas que são amplamente utilizadas hoje têm origens que remontam às viagens espaciais[131]. Nos dias atuais, as tecnologias espaciais estão nos ajudando com todas as coisas que aprendemos nos capítulos anteriores, tais como: conectar pessoas por meio de comunicação por satélite, observação da Terra para vários fins ou satélites de navegação para controle inteligente de tráfego e outras aplicações. Esse efeito de que as tecnologias e as invenções para o espaço melhoram nossas vidas aqui na Terra também será importante no futuro – as novas tecnologias de que precisamos para viajar para a Lua e Marte e viver lá deixarão traços positivos em nosso planeta. Este é apenas um dos vários efeitos positivos que as viagens espaciais tiveram na humanidade e apenas uma das muitas razões pelas quais as viagens espaciais são importantes. Essas várias razões são o assunto deste capítulo.

O programa americano Apollo ajudou não apenas a criar alguns dos produtos acima. Provavelmente, o efeito mais importante da Apollo (sendo justos, é preciso lembrar aqui dos programas predecessores americanos e também os sucessos russos no espaço, começando com *Sputnik* e *Gagarin*) foi ter unificado e inspirado a humanidade. Quando Neil Armstrong deu na Lua seu "pequeno passo para um homem, mas um grande salto para a humanidade", no dia 21 de julho de 1969, 650 milhões de pessoas assistiram em todo o mundo – de longe, o programa de TV mais assistido de todos os tempos até a transmissão do casamento do Príncipe Charles e Lady Diana, em 1981[132]. Robert Zubrin, o fundador da *Mars Society*, conta que, durante o pouso na Lua, estava na então Leningrado para aprender russo. Após o pouso, os russos vieram até ele – um norte-americano e arquirrival na corrida à Lua em meio à Guerra Fria – e o parabenizaram[133]. O então presidente dos Estados Unidos, Richard Nixon, falou pelo rádio com Neil Armstrong e Buzz Aldrin na superfície lunar: "Por um momento inestimável na história da humanidade, todas as pessoas nesta Terra são realmente uma; em seu orgulho pelo que vocês fizeram e em nossas orações para que retornem à Terra em segurança[134]."

O pequeno passo na Lua também inspirou importantes futuros empreendedores. Tanto Jeff Bezos, da *Blue Origin*, quanto Richard Branson, da *Virgin*, disseram que desenvolveram sua paixão pelo espaço depois de assistirem à cena do pouso[135]. Algumas pessoas estão até convencidas de que podemos dever todo o Vale do Silício ao programa Apollo: em parte diretamente por meio das tecnologias, em parte por meio da inspiração dos empreendedores que começaram a construir modelos de negócios com base nessas tecnologias na década de 1970[136]. A influência direta e indireta sobre o crescimento econômico foi provavelmente imenso, ainda que difícil de quantificar.

Se o "momento inestimável" do pouso na Lua, quando todos os humanos se tornaram um, aconteceu há muito tempo, a capacidade do espaço de criar esse sentimento de unidade ainda existe. Talvez esse sentimento tenha surgido na consciência geral da humanidade, pela primeira vez ,quando a Apollo 8 tirou a famosa foto da "ascensão da Terra" da órbita lunar enquanto estava voando ao redor da Lua. Em 1972, a Apollo 17 fez a outra foto icônica, em que toda a Terra redonda pode ser vista como uma joia azul e branca no infinito do espaço negro. Fronteiras ou outras diferenças humanas não existem desta distância – apenas uma única casa em comum. Mesmo a uma distância menor da órbita da Terra, os astronautas descrevem essa sensação, que mais tarde foi designada pelo filósofo e autor americano Frank White como o "efeito de visão geral" (*Overview Effect)* – um termo que é amplamente usado hoje no setor espacial[137]. Muitas pessoas pensam que seria bom para a humanidade se tantas pessoas quanto possível – incluindo nossos políticos – experimentassem o efeito de visão geral por si mesmas, a fim de obter uma visão mais global de nossas vidas e de nosso significado, esquecendo detalhes e diferenças sem importância e aprendendo a serem mais humildes. Como disse o astronauta Eugene Cernan, da Apollo 17: "De lá de cima você só vê os limites naturais... não os criados pelos homens.[138]" Eis aqui uma utilidade do turismo espacial que não pode ser subestimada.

Se em algum momento a Terra ficar muito pequena para a humanidade, o espaço poderia possivelmente desempenhar outro papel importante no futuro, a partir do desenvolvimento de assentamentos humanos em órbita, na Lua ou em Marte: a promessa de um lar novo e melhor, com possibilidades totalmente novas. Em um sentido global, esse seria um papel semelhante ao que a América tem desempenhado para os emigrantes por séculos. Talvez daqui a algumas décadas falaremos do "sonho da Lua" da mesma forma e com o mesmo significado com que falamos do "sonho americano". É claro que isso não nos isenta da responsabilidade por nosso planeta azul e vai depender de que tipo de sociedade será desenvolvida fora da Terra. Mas é tão absurdo assim imaginar que poderiam ser sociedades muito dinâmicas, bem-sucedidas e liberais? Apesar de todos os avanços tecnológicos que sem dúvida faremos, lugares como a Lua e Marte não serão habitats fáceis no início. Os pioneiros que lá se estabelecerão serão um grupo de aventureiros empreendedores que o farão por iniciativa própria e que gostam de assumir riscos. Se eles conseguirem construir sociedades de sucesso, isso terá impacto na vida aqui na Terra.

No caso de essas sociedades inovadoras conseguirem se estabelecer com sucesso na Lua ou em Marte, isso provavelmente significará também que poderemos resolver muitos problemas que hoje têm potencial para conflitos sociais e internacionais. Por exemplo, sistemas cada vez melhores de energia solar (para geração de energia no espaço) poderão comprovar que não haverá escassez de energia, se a já existente for disponibilizada por meio de tecnologias inteligentes. Com a ajuda de suprimentos de combustível como o hélio-3 na Lua ou o deutério em Marte, talvez um efeito colateral das pesquisas espaciais seja finalmente uma fusão nuclear economicamente viável – o que levaria a uma energia ainda mais barata. Outra perspectiva pode se abrir se a produção de alimentos e medicamentos forem forçados a se desenvolver rapidamente, por causa das condições particularmente difíceis do espaço. Dessa forma, o espaço poderia nos mostrar, para o bem de todas as pessoas, que realmente vivemos em abundância, não em escassez. Distribuir essa abundância de maneira justa, é claro, continua sendo nossa tarefa.

Enquanto, em termos gerais, a perspectiva de prosperidade para todos no espaço representa um motivo muito positivo para impulsionar as viagens espaciais, haveria ao menos um estímulo negativo em contraponto. Como as imagens da Apollo (e, mais tarde, a famosa imagem *Pale Blue Dot* da Terra, feita pela sonda Voyager, à qual Carl Sagan se refere na citação inicial) mostraram, a humanidade até agora teve apenas uma pequena casa na imensidão do espaço. E é uma casa frágil. Por um lado, nós, humanos, podemos destruí-la por meio da poluição ambiental ou de guerras. Por outro lado, nosso planeta poderia sofrer enormemente ou mesmo ser destruído sem nossa influência direta – o mesmo valeria para nossa sociedade. Tempestades solares, nas quais a Terra é fortemente bombardeada com partículas carregadas do Sol, são um perigo. Isso acontece o tempo todo e, como um efeito colateral maravilhoso, somos presenteados com a Aurora Boreal – mas depende da intensidade dessas tempestades. Durante a tempestade solar mais forte até hoje, o chamado evento Carrington[139] em 1859 (assim nomeado em homenagem ao pesquisador do Sol Carrington), a Aurora Boreal pôde ser vista até o Caribe. Mas a tempestade de Carrington também teve seu lado negro: ela destruiu sistemas telegráficos em toda a Europa e América. Hoje em dia, um evento desses seria muito mais devastador. Provavelmente desligaria muitos satélites, incluindo os satélites de comunicação e navegação necessários para nossa vida cotidiana. Talvez ainda mais sério seja o risco de que a tempestade solar destruísse os transformadores por toda parte, paralisando, assim, a rede elétrica. Levaria algum tempo para reconstruir a infraestrutura destruída. Como nossa sociedade sobreviveria a tal fase sem eletricidade, comunicação e navegação, fica totalmente em aberto. Familiarizar-se mais com o espaço, melhorar as previsões de futuros eventos dessa natureza, e procurar novos habitats ao nosso redor podem ajudar a lidar com esses riscos.

Uma ameaça existencialmente muito mais perigosa são os impactos de meteoritos sobre a Terra. A atmosfera da Terra nos protege de pequenos meteoroides, fazendo com que eles queimem como meteoros ("estrelas cadentes" na linguagem coloquial). De vez em quando, um meteroide é grande o suficiente para atravessar a atmosfera e atingir a Terra como um meteorito. Em 2013, um meteoro de aproximadamente 20 metros de altura e 12.000 toneladas de peso explodiu na atmosfera sobre a região da cidade russa de Chelyabinsk[140]. A energia total do objeto, que viajava a uma velocidade de cerca de 70.000 quilômetros por hora, foi estimada como sendo equivalente a trinta bombas atômicas de Hiroshima. Em 1908, um meteoro muito maior explodiu na atmosfera sobre a Sibéria, com uma energia estimada em até mil bombas de Hiroshima[iii]. Felizmente, a área estava quase despovoada, mas o evento Tunguska derrubou cerca de sessenta milhões de árvores em uma área de mais de 2.000 km quadrados. Na Europa Central, por exemplo, temos a Nördlinger Ries, uma cratera de 24 km de diâmetro, formada pelo impacto de um meteorito há cerca de quatorze milhões de anos. Este meteorito é estimado em um quilômetro e meio de diâmetro e o equivalente a quase dois milhões de bombas de Hiroshima[141]. Um dos maiores meteoritos de todos foi o Chicxulub[142], de pelo menos onze km de extensão, que caiu há sessenta e seis milhões de anos na península mexicana de Yucatán, com uma energia de pelo menos vinte bilhões de bombas de Hiroshima e deixando uma cratera de 150 km de diâmetro. Com isso, ele provavelmente exterminou os dinossauros e muitas outras formas de vida na Terra[143]. Estatisticamente, esperamos que um meteorito dessa magnitude atinja a Terra aproximadamente a cada cem milhões de anos, o que poderia significar o fim da civilização humana. É por isso que agências espaciais como a NASA e a ESA possuem grupos de defesa planetária (*Planetary Defense*), que procuram observar todos os objetos no espaço que possam ser perigosos para a Terra. O que exatamente seria feito caso fosse descoberto um meteoro com grande probabilidade de atingir a Terra ainda não está claro.

A propósito, as ameaças existenciais à humanidade não precisam vir do espaço. Aqui na Terra, por exemplo, poderíamos ter uma erupção devastadora de um supervulcão como o *Yellowstone*, ou uma nova pandemia, mais mortal.

São precisamente esses diferentes perigos que pessoas como Elon Musk citam às vezes como a razão pela qual a humanidade tem que se expandir para vários lugares no espaço. Uma tal distribuição por vários lugares, por exemplo, Terra e Marte, garantiria que a extinção completa de um planeta não seria o fim de toda a humanidade. É por isso que também temos a já famosa piada do escritor americano Larry Niven: "Os dinossauros extinguiram-se porque não tinham um programa espacial. E se nós entrarmos em extinção porque não temos um programa espacial, então será bem feito para nós."

Para não encerrarmos este capítulo com perspectivas tão sombrias (que nem precisam se tornar realidade), mencionaremos brevemente um dos motivos mais antigos e comprovados para as viagens espaciais: a pesquisa. Missões de pesquisa têm sido realizadas com sucesso desde o início dos programas espaciais, mesmo depois que os tempos de glória das viagens espaciais tripuladas com seus pousos na Lua já tinham passado. Enviamos sondas para todos os planetas e pousamos em alguns. Em 1970, o soviético *Venera 7* pousou em Vênus, seguido pelo primeiro pouso do igualmente soviético *Mars 3* em Marte. Desde então, ele foi seguido por inúmeras outras sondas de vários países e, claro, os jipes-robôs (*rovers*) de Marte. Chegamos até a pousar em uma Lua estranha, a Titã de Saturno, com a sonda *Huygens* em 2005. Talvez ainda mais surpreendentes sejam aterrissagens em asteroides (por exemplo, *Eros* em 2001, *Ryugu* em 2018 e *Bennu* em 2020) e em cometas (*Churyumov-Gerassimenko* com a sonda *ESA-Rosetta* em 2014). Essas missões de pesquisa podem nos fornecer respostas bastante úteis para muitas questões, como a origem do nosso sistema solar, por que houve mudanças climáticas em planetas como Vênus e Marte, e se vida fora da Terra existe ou poderia existir em nosso sistema solar.

E da próxima vez que alguém disser que não devemos gastar tanto dinheiro com o espaço, espero que este capítulo tenha oferecido algumas respostas e argumentos.

CAPÍTULO 17

Negócios e profissões no espaço

"Em 20 anos, você ficará mais desapontado com as coisas que não fez do que com as que você fez. Então, desate o nó, fuja do porto seguro. Pegue os ventos alísios com suas velas. Explore. Sonhe."

(Frequentemente atribuído a Mark Twain[144])

"Não vá para onde o caminho o levar, mas vá para onde não existem trilhas, e deixe seu rastro."

(Frequentemente atribuído a Ralph Waldo Emerson[145])

Acordar de manhã e ter pela frente um dia de trabalho pensando e falando sobre foguetes, satélites ou experimentos no espaço. Ajudando a humanidade a colonizar a órbita da Terra, a Lua ou talvez até mesmo Marte. Viagens de negócios para lançamento de foguetes ou conferências onde é possível conversar com outros entusiastas da colonização de Marte. Trabalhar em e com viagens espaciais muitas vezes parece um sonho de infância que nunca acaba. Na prática, estaria esse sonho ao alcance de todos? A boa notícia é que de fato existe um caminho para que quase qualquer pessoa participe da revolução espacial.

Aventuras que abalam os nervos podem ser vividas não apenas como astronauta, mas também como empresário. Os salários do empreendedorismo de sucesso são muito altos – Bezos, Musk e Branson são todos multimilionários – mas o risco é igualmente alto: a maioria das startups recém-fundadas fecha rapidamente. O empreendedorismo é uma maratona difícil que geralmente dura muitos anos (a não ser quando o fracasso chega logo). É preciso encontrar uma ideia, co-fundadores e funcionários, fontes de financiamento, fornecedores, clientes e muito mais. Existem alguns critérios *sine qua non* para avaliar oportunidades de negócios; por exemplo, é preciso uma ideia cujo mercado-alvo potencial tenha um tamanho suficiente. O que é grande o suficiente depende, por um lado, das próprias expectativas e, por outro, das expectativas de potenciais investidores: por exemplo, a maioria dos fundos de capital de risco nos EUA espera um mercado-alvo de pelo menos algumas centenas de milhões de dólares, senão bilhões, para se interessar. Mas isso não significa que só se possa começar com empresas com mercados-alvo tão grandes; também existem fontes alternativas de financiamento, como vimos, de fundos públicos. Um empresário ou empresária também precisa de um plano de implementação bem pensado e, acima de tudo, da equipe certa para implementá-lo. Como o setor espacial é muito técnico, isso quer dizer que, na grande maioria dos casos, é preciso um especialista comprovado como co-fundador ou, pelo menos, um membro da equipe de alto escalão (geralmente CTO / *Chief Technology Officer*, Diretor de Tecnologia). Ainda não foi suficientemente enfatizado o quão importante é a perícia técnica. Os subsetores do setor espacial são altamente especializados – um especialista em comunicações por satélite tem tanto a ver com um especialista em construção de foguetes quanto um saltador em distância tem a ver com um lançador de dardo: ambos trabalham no mesmo macro setor, conhecem o ambiente geral, provavelmente entendem um pouco o trabalho um do outro, mas não poderiam fazê-lo em um nível próximo. Às vezes, são necessários especialistas extras de um setor externo ao setor espacial; por exemplo, se estivermos buscando um modelo de negócios para a biologia no espaço. Por outro lado, deve ficar claro que uma equipe não pode ser composta apenas por especialistas. Uma empresa também precisa de gerentes clássicos que entendam um pouco de vendas, finanças e gestão de pessoal. É claro que esses gerentes também devem ter afinidade com viagens espaciais e pelo menos alguns conhecimentos básicos.

Não é preciso necessariamente estar envolvido na criação de uma empresa ou iniciá-la por conta própria. É claro que é possível ingressar em uma empresa espacial posteriormente, quando os funcionários forem necessários – e essa é a nossa segunda opção de participar do setor espacial. Grandes empresas espaciais estabelecidas como a *Blue Origin*, a *SpaceX* ou até mesmo uma *Airbus* têm milhares de funcionários. Infelizmente, as empresas americanas costumam exigir, por motivos de segurança (trabalham com tecnologia sensível, que muitas vezes tem ou poderia ter uso militar), que os funcionários tenham cidadania americana ou pelo menos uma autorização de residência permanente (*green card*). Mas também existem muitas oportunidades no mercado de trabalho não americano. Por exemplo, se eu olhar o site de empregos *www.careersin.space* agora (agosto de 2021) posso encontrar bem mais de uma centena de empregos na Austrália, Alemanha, França, Itália e Grã-Bretanha. Também há muitas vagas em outras localidades, como, por exemplo, Argentina, Brasil, Índia, Israel, Japão, Nova Zelândia, Polônia, Cingapura, Coréia do Sul e Emirados Árabes Unidos. Quem estiver procurando emprego deve se lembrar de que o setor espacial se concentra em alguns locais – nos EUA: Colorado, Flórida, Califórnia e Texas; na Europa: Londres, Harwell (Inglaterra), Toulouse, Luxemburgo, Berlim e Munique (e, claro, alguns lugares na Rússia); na Ásia: Bangalore, Cingapura, Tóquio (e, claro, alguns lugares na China); na Austrália: Adelaide. Também é muito importante que não sejam procurados apenas especialistas tecnicamente especializados. Na *SpaceX*, as ofertas de trabalho atuais variam de engenheiros de foguetes a contadores e baristas para o café interno.

Todos os critérios para a fundação de uma empresa citados acima são importantes para convencer os financiadores, e muitos modelos de negócios espaciais exigem muito capital, especialmente se a intenção é construir seus próprios satélites ou até foguetes. Esta é também a terceira forma de participar do setor espacial: como investidor. Infelizmente, até hoje ainda existem poucas empresas na bolsa de valores com foco no espaço. Grandes empresas de armamentos, como *Boeing*, *Lockheed Martin* ou *Airbus*, têm atividades significativas no setor espacial, mas em relação à empresa como um todo, muitas vezes representam apenas uma pequena porcentagem dos lucros. As empresas de capital aberto que realmente se especializaram no setor espacial foram, por exemplo, a americana *Virgin Galactic* (turismo espacial suborbital), a alemã *OHB* em Bremen (construção de satélites), a alemã *Mynaric* (comunicação óptica por satélite), a luxemburguesa SES (satélite tradicional TV e serviço de comunicações) e AAC *Clyde Space* e a *GomSpace* na Suécia (ambos construtores de satélites). Começou então o *boom* das fusões mencionadas entre SPACs e empresas espaciais. Após sua conclusão, essas fusões levarão à listagem pública da empresa espacial e, a partir de meados de 2021, as seguintes empresas espaciais abriram ou abrirão capital na bolsa de valores (se a fusão for aprovada pelos acionistas): *Momentus* (rebocador), *AST & Sciene* (comunicações por satélite), *Astra* (foguetes), *BlackSky* (observação da Terra), *Rocket Lab* (foguetes), *Spire* (observação da Terra), *Redwire* (diversificado), *ArQit* (comunicação quântica), *Satellogic* (observação da Terra), *Planet* (observação da Terra) e *Virgin Orbit* (foguetes). Excetuando essas empresas de capital aberto, todas as outras empresas espaciais são privadas, incluindo a *SpaceX* e a *Blue Origin*. Em algumas dessas empresas, no entanto, é possível investir como um chamado anjo (investidor privado individual, em vez de fundos). Para a maioria das pessoas, no entanto, o acesso geralmente só é realista para quem tiver um relacionamento pessoal com o fundador da empresa.

Instituições públicas, como agências espaciais, como já dissemos, estão entre os investidores mais importantes no espaço. Aí também é possível fazer carreira. O espectro aqui varia de um pesquisador da NASA / ESA a um oficial em uma unidade militar espacial, como a nova Força Espacial Americana. Essas instituições oferecem a oportunidade de trabalhar com alguns dos profissionais espaciais mais qualificados sem o risco do empreendedorismo.

Também há lugar para autônomos na economia espacial. Não apenas a tecnologia, mas também o ambiente jurídico do setor espacial e do uso do espaço estão em convulsão. Todas as bases jurídicas válidas existem há décadas, quando provavelmente não se pensava no uso comercial generalizado do espaço. O desenvolvimento de novas regras e a adaptação das existentes estão pendentes, e isso é algo que um empresário do setor espacial terá que seguir e entender. Ainda hoje existem muitas regras que precisam ser observadas; por exemplo, o lançamento de foguetes e satélites precisa ser registrado em várias agências. Quem quiser usar frequências de rádio para comunicação por satélite também precisa de uma alocação de frequência correspondente. Tudo isso significa que já existe muito trabalho para advogados especializados e, provavelmente, haverá muito mais no futuro. Devido às demandas especiais das viagens espaciais no que tange ao corpo humano, por exemplo, por causa da ausência de gravidade e da radiação, profissionais médicos especializados também desempenharão um papel cada vez mais relevante. Um chamado médico de voo é sempre disponibilizado para os astronautas tradicionais. Se as viagens espaciais privadas crescerem fortemente, a demanda por profissionais médicos especializados também deve aumentar: seria desejável examinar os viajantes espaciais privados antes de iniciar a viagem, a fim de evitar quaisquer problemas durante ou após um voo.

A área de cultura e mídia também pode desempenhar um papel. Em tempos de grandes convulsões e mudanças, precisamos de romances, peças de teatro, filmes, música e imagens para transmitir o que está realmente acontecendo ao nosso redor e o que ainda pode acontecer, e para despertar um sentimento em relação a isso. Como vimos, o mais tardar desde Júlio Verne, não são poucos os que se inspiraram na ficção científica para pesquisas sérias e desenvolvimentos importantes.

Sem falar na chance de um dia voar para o espaço como artista a convite de um patrono, como pretendia originalmente o bilionário japonês Yusaku Maezawa.

Se realmente conseguirmos construir uma sociedade humana fora da Terra; por exemplo na Lua ou em Marte, logo precisaremos de um número de pessoas que pensem sobre a organização de tal sociedade, incluindo cientistas políticos, advogados constitucionais, sociólogos e economistas. Não faria mal se este processo começasse muito antes de uma sociedade extraterrestre ser realmente construída, talvez hoje – mas é claro que será difícil ganhar a vida com tais atividades. Oportunidades para isso podem ser oferecidas por algumas fundações, *think tanks* ou universidades.

Quem ainda for jovem – ou se sinta jovem o suficiente – pode, é claro, estudar primeiro as disciplinas relacionadas ao espaço. Os cursos aeroespaciais estão disponíveis em várias universidades ao redor do mundo. Disciplinas que abordam o espaço ou relacionadas a ele, como astronomia, astrobiologia e geologia, continuarão a desempenhar um papel importante e podem ser estudadas em muitas universidades. Mas aqui também deve-se notar que não são apenas os cursos espaciais que são relevantes para o nosso futuro no espaço. Precisaremos de muitas outras profissões, e há cada vez mais especializações relacionadas ao espaço em outras disciplinas também. É possível, por exemplo, estudar direito aeroespacial nas universidades de Colônia, Leiden e Paris. Existem opções semelhantes para a medicina aeroespacial, por exemplo, em Londres. E para quem gosta do ambiente nas universidades, é claro que continua sendo possível fazer pesquisas e ensino nelas, onde a atual geração é formada já pensando nas próximas.

Nem todo mundo tem tempo e oportunidade para concluir um curso de vários anos. Felizmente, agora existem outras opções e caminhos. A *International Space University* (ISU) foi fundada em 1988 por três estudantes do *Massachusetts Institute of Technology* (MIT), sediado na universidade de elite americana para oferecer treinamento específico e condensado em viagens espaciais. A ISU agora tem seu campus principal em Estrasburgo, Alsácia. Lá é possível fazer um mestrado em estudos espaciais dentro de um ano. A ISU também oferece cursos mais curtos; por exemplo, o Programa de Estudos Espaciais (*Space Studies*), que acontece todos os anos durante dois meses no verão em um local diferente ao redor do mundo. O *Executive Space Course*, um programa introdutório de vários dias para profissionais, é oferecido regularmente em Estrasburgo, Seattle, Tel Aviv e Adelaide. A ISU também está desenvolvendo cursos online. Essas ofertas já estão disponíveis em outras instituições, podemos encontrá-las em plataformas como *edX* e *Coursera*. O MIT, por exemplo, oferece um curso introdutório de astronáutica no *edX*, tendo o ex-astronauta da NASA Jeff Hoffman como professor. Também na *edX* há um curso de planejamento de missões espaciais desenvolvido pelo ex-astronauta suíço e atual professor da EPFL, Claude Nicollier.

Um último comentário sobre as universidades: elas não são apenas interessantes para os alunos, mas também como empregadoras para pesquisadores do setor espacial.

Quem ainda não se sentir contemplado com todas essas possibilidades, mas continua interessado no espaço, há ainda a opção passiva: o turismo espacial. Para voos suborbitais, realmente não é necessária nenhuma qualificação, apenas recursos financeiros para a passagem, ainda muito cara. Não precisamos excluir a possibilidade de ganhar dinheiro por meio de atividades empreendedoras no espaço e, em seguida, dar-se ao luxo de voar para lá!

Espero que este capítulo tenha deixado claro que já existem muitas possibilidades de se participar do *boom* espacial. Essas possibilidades vão crescer ainda mais se conseguirmos realmente nos instalar no espaço. Haverá então a necessidade de quase todos os grupos profissionais, todos os talentos e todos os treinamentos. Como vimos no primeiro capítulo, a Califórnia era um deserto antes da chegada da ferrovia. É assim que hoje se parecem a Lua e Marte. Mas se conseguirmos cruzar essas novas fronteiras, tudo se reconstruirá nesses lugares: o primeiro restaurante, o primeiro hotel, a primeira padaria, o primeiro médico, o primeiro advogado, a primeira escola ...

Quem gostaria de ser um pioneiro aqui?

NOTAS DE RODAPÉS

[1] https://en.wikipedia.org/wiki/Magnificent_Desolation_(book)

[2] https://www.isunet.edu/

[3] https://www.youtube.com/watch?v=uxftPmpt7aA

[4] White, Richard. Railroaded : The Transcontinentals And The Making Of Modern America. New York ; London, W.W. Norton & Co, 2012. A tradução das citações é do autor, salvo outras indicações (no caso, a tradução para a edição original alemã)

[5] https://guides.library.ucla.edu/c.php?g=180339&p=1191251

[6] https://www.parks.ca.gov/?page_id=25066

[7] https://www.railswest.com/history/californiabeginnings.html

[8] https://www.history.com/news/transcontinental-railroad-changed-america

[9] Louis Johnston and Samuel H. Williamson, "What Was the U.S. GDP Then?" MeasuringWorth, 2020

[10] http://econintersect.com/pages/infographics/infographic.php?post= 201902010511

[11] https://www.vox.com/2017/3/30/15131514/spacex-space-history-success-reusing-rocket-elon-musk

12 https://www.jetsetmag.com/travel/aviation/most-expensive-private-jets/

13 https://arstechnica.com/science/2019/11/nasa-does-not-deny-the-over-2-billion-cost-of-a-single-sls-launch/

14 https://spacenews.com/sls-cost-growth-exceeds-threshold-for-formal-review/

15 https://www.forbes.com/sites/alexknapp/2019/07/20/apollo-11-facts-figures-business/#2ba04c473377

16 https://www.planetary.org/get-involved/be-a-space-advocate/become-an-expert/planetary-exploration-budget-dataset.html

17 https://en.wikipedia.org/wiki/Ariane_5

18 https://www.space.com/22044-apollo-rocket-engines-bezos.html

19 https://nssdc.gsfc.nasa.gov/planetary/lunar/apollo_18_20.html

20 https://www.edx.org/course/engineering-the-space-shuttle

21 https://en.wikipedia.org/wiki/Delta_IV

22 https://en.wikipedia.org/wiki/Soyuz_(rocket_family)

23 https://simpleflying.com/airbus-a320-production-rate/In

24 https://www.thespacereview.com/article/2166/1

25 https://www.spacexstats.xyz/#launchhistory

[26] Além disso, hoje em dia muitos satélites são projetados para durar apenas alguns anos, e não décadas – também por isso peças mais baratas podem ser usadas.

[27] https://en.wikipedia.org/wiki/CubeSat

[28] https://www.marketwatch.com/story/jeff-bezos-thinks-his-fortune-is-best-spent-in-space-2018-05-01

[29] https://www.cnbc.com/2021/02/16/elon-musks-spacex-raised-850-million-at-419point99-a-share.html

[30] https://www.crunchbase.com/organization/space-exploration-technologies

[31] https://venturebeat.com/2008/08/06/private-rocket-company-spacex-gets-20m-from-the-founders-fund/

[32] https://www.cnbc.com/2019/06/27/spacex-raising-300-million-more-in-third-funding-round-this-year.html

[33] https://www.welt.de/wissenschaft/article1617774/Himmelfahrt-mit-den-Herrschern-der-Hoelle.html

[34] https://de.wikipedia.org/wiki/Konstantin_Eduardowitsch_Ziolkowski

[35] https://www.grc.nasa.gov/WWW/K-12/TRC/Rockets/history_of_rockets.html

[36] https://de.wikipedia.org/wiki/Verein_f%C3%BCr_Raumschiffahrt

37 https://en.wikipedia.org/wiki/Ariane_1

38 https://en.wikipedia.org/wiki/Private_spaceflight

39 https://de.wikipedia.org/wiki/OTRAG

40 http://www.unoosa.org/oosa/en/spaceobjectregister/index.html

41 http://wordcentral.com/cgi-bin/student?book=Student&va=satellite+

42 Facebook (www.facebook.com) Post de Yoko Ono de 19 de fevereiro de 2014.

43 https://en.wikipedia.org/wiki/Orion_(satellite)

44 https://www.planet.com/faqs/

45 https://www.vice.com/en_us/article/jpzpkg/the-first-spy-satellites-had-to-drop-gigantic-buckets-of-film-back-to-earth

46 https://www.cosmopolitan.com/uk/entertainment/news/a12333/Cameron-Diaz-best-quotes/

47 https://en.wikipedia.org/wiki/Laika

48 https://www.smithsonianmag.com/smart-news/felicette-first-cat-space-finally-gets-memorial-180974062/

49 https://www.businessinsider.com/animals-nasa-russia-space-agencies-sent-to-space-2019-6?r=US&IR=T

50   https://www.sciencealert.com/there-s-a-smorgasbord-of-bacteria-and-fungi-on-board-the-iss

51   https://de.wikipedia.org/wiki/Fallturm_Bremen

52   https://www.airbus.com/space/space-infrastructures/bartolomeo.html

53   https://madeinspace.us/capabilities-and-technology/fiber-optics/

54   https://www.seeker.com/how-much-are-your-body-parts-worth-1792475763.html

55   https://www.space.com/33166-space-station-commercial-3d-printer-first-tool-photos.html

56   https://www.lpi.usra.edu/education/IYPT/Mars.pdf

57   https://www.bbc.com/news/world-51235555

58   https://www.theverge.com/2020/3/9/21172283/elon-musk-spacex-starlink-public-company-spinoff-satellite

59   https://www.internetworldstats.com/stats.htm

60   https://techcrunch.com/2020/06/30/amazon-web-services-launches-a-dedicated-aerospace-and-satellite-business/

61   https://www.imdb.com/title/tt1454468/

62   https://www.esa.int/esatv/Videos/2019/02/Distribution_of_space_debris_in_orbit_around_Earth

63   https://www.pixalytics.com/satellites-orbiting-earth-2019/

64   https://www.theregister.com/2016/05/12/tiny_space_trash_impact_cracks_window_on_international_space_station/

65   https://www.space.com/spacex-starlink-esa-satellite-collision-avoidance.html

66   https://www.gpsworld.com/the-economic-benefits-of-gps/

67   https://en.wikipedia.org/wiki/Kessler_syndrome

68   https://www.noradsanta.org

69   Englert, Christoph R., et al. "Optical Orbital Debris Spotter." *Acta Astronautica*, vol. 104, no. 1, Nov. 2014, pp. 99–105, 10.1016/j.actaastro.2014.07.031.

70   https://www.legifrance.gouv.fr/affichTexte.do?cidTexte=LEGITEXT000018939303

71   https://buzzaldrin.com/space-vision/advocacy/

72   The Orlando Sentinel staff (August 13, 1992) "Lunar-Golfer Shepard Takes Swings In Tourney", The Orlando Sentinel, p. A2.

73   https://www.cia.gov/library/publications/the-world-factbook/geos/xx.html

74   https://www.realclearscience.com/articles/2019/07/02/your_mobile_phone_vs_apollo_11s_guidance_computer_111026.html

[75] Luther, Martin, and Julius Schnorr. Die Bibel Oder Die Ganze Heilige Schrift Des Alten Und Neuen Testaments. Köln, Anaconda, 2016.

[76] O'Neill, Gerard K. The High Frontier: Human Colonies in Space. Burlington (Ontario), Apogee, 2000.

[77] https://www.amazon.de/High-Frontier-Human-Colonies-English-ebook/

[78] https://en.wikipedia.org/wiki/Leonid_Rogozov

[79] https://www.space.com/18175-moon-temperature.html

[80] https://www.space.com/16907-what-is-the-temperature-of-mars.html

[81] https://www.scinexx.de/dossierartikel/die-magnetosphaere-der-erde/

[82] https://www.cnet.com/news/nasa-finally-reveals-what-happens-to-astronaut-poop/

[83] https://www.reviewed.com/laundry/features/how-do-astronauts-clean-their-dirty-clothes

[84] https://science.nasa.gov/science-news/science-at-nasa/2001/ast21mar_1

[85] https://www.space.com/24701-how-long-does-it-take-to-get-to-mars.html

[86] https://www.businessinsider.com/lunark-moon-habitat-prototype-tiny-home-greenland-test-2020-4?r=

US&IR=T#they-will-construct-the-habitat-this-summer-and-start-the-three-month-expedition-in-september-30

87   https://www.telegraph.co.uk/news/worldnews/europe/russia/1329453/Trip-was-out-of-this-world-says-first-space-tourist.html

88   https://www.space.com/21571-valentina-tereshkova.html

89   https://www.businessinsider.com/most-expensive-hotel-room-damien-hirst-art-palms-las-vegas-empathy-suite-2019-3?r=US&IR=T

90   https://www.theverge.com/2019/6/7/18656280/nasa-space-station-private-astronauts-commercial-business

91   https://www.nasa.gov/feature/facts-and-figures

92   https://www.evojets.com/charter-flight-cost-calculator/

93   https://www.forbes.com/sites/alexknapp/2019/07/20/apollo-11-facts-figures-business/#2d9ea8033377

94   https://de.statista.com/statistik/daten/studie/260920/umfrage/mittelwerte-von-groesse-gewicht-und-bmi-bei-maennern-nach-alter/

95   https://www.xprize.org/prizes/ansari

96   https://www.entrepreneur.com/slideshow/230142

97   https://abcnews.go.com/Business/half-worlds-entire-wealth-hands-millionaires/story?id=66440320

98   Dahl, Roald, and Quentin Blake. Charlie and the Chocolate Factory. London, Puffin, 2018.

99   https://www.rocketlabusa.com/launch/launch-sites/

[100] https://en.wikipedia.org/wiki/Corn_Ranch

[101] https://witl.com/michigan-getting-closer-to-having-a-spaceport/

[102] https://spaceportcornwall.com/

[103] https://www.tagesschau.de/wirtschaft/weltraumbahnhof-nordsee-101.html

[104] https://spacewatch.global/2020/04/intelsat-901-satellite-returns-to-service-using-northrop-grummans-mission-extension-vehicle/

[105] https://english.alarabiya.net/en/variety/2017/02/15/UAE-to-build-first-city-on-Mars-by-2117

[106] http://wam.ae/en/details/1395302597763

[107] https://www.space.com/united-arab-emirates-announces-moon-rover-rashid

[108] https://www.space.com/11772-president-kennedy-historic-speech-moon-space.html

[109] https://www.lpi.usra.edu/exploration/multimedia/NASABudget History.pdf

[110] https://www.nasa.gov/directorates/spacetech/game_changing_development/Nuclear_Thermal_Propulsion_Deep_Space_Exploration

[111] https://www.edx.org/course/engineering-the-space-shuttle

[112] https://fortune.com/longform/space-program-spending-by-country/

113 https://www.esa.int/ESA_Multimedia/Images/2020/01/ESA_budget_2020

114 https://en.wikipedia.org/wiki/List_of_government_space_agencies

115 http://legilux.public.lu/eli/etat/leg/loi/2017/07/20/a674/jo

116 https://luxtimes.lu/luxembourg/35600-luxembourg-government-assumes-losses-in-planetary-resources

117 https://spacenews.com/air-force-awards-9-million-on-first-space-pitch-day-san-francisco/

118 https://en.wikipedia.org/wiki/United_States_Space_Force

119 https://www.space.com/russia-anti-satellite-missile-test-2020.html

120 https://www.lepoint.fr/societe/espace-la-france-va-armer-ses-prochains-satellites-militaires-25-07-2019-2326872_23.php

121 https://twitter.com/realDonaldTrump/status/1128050996545036288

122 https://www.cnet.com/news/mars-rover-confirms-dangers-of-space-radiation/

123 https://www.offworld.ai/masterplan

124 https://www.firsttheseedfoundation.org/resource/tomatosphere/background/sunlight-mars-enough-light-mars-grow-tomatoes/

125 https://de.wikipedia.org/wiki/Radionuklidbatterie

126 https://de.wikipedia.org/wiki/Maslowsche_Bed%C3%BCrfnishierarchie

127 https://www.nasa.gov/audience/foreducators/rocketry/home/konstantin-tsiolkovsky.html

128 https://phys.org/news/2017-04-mars-earth.html

129 Sagan, Carl. Pale Blue Dot: A Vision of the Human Future in Space. New York, Ballantine Books, 1997.

130 https://en.wikipedia.org/wiki/Edgar_Mitchell

131 https://www.jpl.nasa.gov/infographics/infographic.view.php?id=11358

132 https://www.wusa9.com/article/news/apollo-11-moon-landing-fifa-world-cup-and-more-most-watched-television-events-in-history/507-84a186d0-4330-41a5-9a4b-c2134d6fa3e2

133 https://twitter.com/robert_zubrin/status/1152959923099095042

134 https://www.zeit.de/news/2012-08/26/raumfahrt-der-adler-ist-gelandet---zitate-von-der-mondlandung-26213826

135 https://www.independent.co.uk/news/science/elon-musk-space-jeff-bezos-richard-branson-apollo-11-moon-landing-a9011591.html

136 https://edition.cnn.com/2019/08/04/tech/nasa-management-apollo-silicon-valley-scn/index.html

[137] https://de.wikipedia.org/wiki/Overview-Effekt

[138] Exploring the Moon, Discovering Earth science.nasa.gov, 17. Juli 2009

[139] https://de.wikipedia.org/wiki/Carrington-Ereignis

[140] https://www.youtube.com/watch?v=gRrdSwhQhY0

[141] https://en.wikipedia.org/wiki/N%C3%B6rdlinger_Ries

[142] https://en.wikipedia.org/wiki/Chicxulub_crater

[143] https://www.newscientist.com/article/2244354-asteroid-that-killed-the-dinosaurs-hit-just-right-for-maximum-damage/

[144] https://marktwainstudies.com/the-apocryphal-twain-the-things-you-didnt-do/

[145] https://quoteinvestigator.com/2014/06/19/new-path/

RECURSOS ADICIONAIS

Obras de Não-Ficção

Vance, Ashlee, Elon Musk: Como o CEO bilionário da SpaceX e da Tesla está moldando nosso future. Intrínseca, 2015.

Zubrin, Robert. The Case for Space : How the Revolution in Spaceflight Opens up a Future of Limitless Possibility. Amherst, New York, Prometheus Books, 2019.

O'Neill, Gerard K. The High Frontier : Human Colonies in Space. Burlington (Ontario), Apogee, 2000.

Obras de Ficção Científica

Weir, Andy. Perdido em Marte. Editora Arqueiro, 2014.

Heinlein, Robert A. The Moon is a Harsh Mistress. Ace Books, 2018.

Cixin Liu. O Problema dos três corpos. Suma, 2016.

Corey, James. Leviatã desperta. Editora Aleph, 2017.

Robinson, Kim Stanley. Red Mars. Bantam, 1993.

Cursos Online

Introduction to Aerospace Engineering: Astronautics and Human Spaceflight (edX/MIT) https://www.edx.org/course/introduction-to-aerospace-engineering-astronautics

Space Entrepreneurship 101 (do Autor)
https://www.udemy.com/course/space-entrepreneurship/

Space Mission Design and Operations (edX/EPFL)
https://www.edx.org/course/space-mission-design-and-operations

New Space Economy (edX/EPFL)
https://www.edx.org/course/new-space-economy

Podcasts

Gravity Assist
https://www.nasa.gov/gravity-assist

Planetary Radio
https://www.planetary.org/planetary-radio

That Space Podcast
https://thatspacepodcast.squarespace.com/

The Space Business Podcast (do Autor)
https://podcasts.apple.com/us/podcast/space-business-podcast/id1504862851

GLOSSÁRIO

1g	A força da gravidade na superfície da Terra.
Anjo	Um investidor privado que aplica seu próprio capital em novos empreendimentos.
Asteroide	Um pequeno corpo astronômico que orbita o Sol e é maior do que um meteoroide.
Ariane 5	A versão atual do foguete lançador da ESA.
Atlas V	Um foguete lançador da empresa americana ULA, que está em uso desde 2002.
Cometa	Um pequeno corpo astronômico que é parcialmente composto por gelo e que desenvolve uma cauda brilhante através da emissão de gás perto do Sol. É por isso que os cometas também são chamados de estrelas da cauda.
Cost-Plus	Um modelo requentemente usado no passado para contratos governamentais com o setor privado, no qual uma margem de lucro acima dos custos declarados é garantida ao contratante.
Crew Dragon	Versão tripulada da cápsula espacial Dragon da SpaceX.
Delta IV	Foguete lançador da empresa americana ULA, utilizado entre 2002 e 2019.

Downstream Earth Observation	O uso /a análise de dados de observação terrestre (que também pode ser realizada sem seus próprios satélites).
Downstream (na economia espacial)	Uma empresa que fornece aplicativos e serviços baseados em hardware espacial (foguetes, satélites, etc.).
Dual Use Technology	Tecnologia que pode ser usada para fins civis e militares.
Earth Observation	Observação da Terra a partir do espaço. Um termo mais geral é sensoriamento remoto.
ECLSS	Environmental Control and Life Support System – Sistema de controle ambiental e de suporte de vida.
Empresa verticalmente integrada	Uma empresa que abrange várias etapas da cadeia de valor; por exemplo, uma empresa que constrói satélites e depois os opera por conta própria.
ESA	European Space Agency – a agência espacial europeia.
Espaço	Limite a partir do qual a atmosfera é muito rarefeita. Na definição mais usual, começa a uma altura de 100 km acima da superfície da Terra (nível do mar). Essa fronteira também é chamada de linha Kármán.

Europa (lua)   Uma lua do planeta Júpiter.

Exit (Investimento)   O resultado bem-sucedido de um investimento em uma empresa, por ex., vendendo a empresa ou abrindo o capital.

Fairing /Carenagem   Um invólucro que protege a carga útil (principalmente satélites) de um foguete durante o lançamento e na primeira parte da viagem ao espaço.

Falcon 9   Um foguete lançador da firma SpaceX.

Femtosat   Um satélite muito pequeno, que pesa menos de cem gramas.

GEO   Geostationary Earth Orbit. Órbita terrestre geoestacionária. A uma altitude de 36.000 quilômetros, os satélites voam na mesma velocidade angular da rotação da Terra, de modo a ficarem permanentemente sobre a mesma região da Terra.

IoT   Internet-of-things. A conexão de todos os tipos de objetos e dispositivos à internet para monitoramento e controle, com a ajuda de pequenos dispositivos de transmissão e/ou recepção.

ISRU   In-Situ Resource Utilization – o uso de recursos disponíveis no local; por exemplo, na Lua ou em Marte.

ISS   International Space Station – a Estação Espacial
               Internacional. Com bom tempo, é possível
               vê-la no céu a olho nu, e os horários de sobrevoo
               estão disponíveis online.

ISU   International Space University. Uma univer-
               sidade especializada no espaço, fundada em
               1988 no Massachusetts Institute of Technology
               (MIT) e hoje sediada em Estrasburgo.

LEO   Low Earth Orbit – uma órbita baixa entre
               cerca de 100 e 2.000 km acima da superfície da
               Terra.

Magnetosfera   Um campo magnético que envolve alguns
               planetas (incluindo a Terra) e os protege da
               radiação.

MaaS   Mission-as-a-Service – um modelo de negócio
               no qual uma empresa assume todo o
               planejamento de uma missão espacial para os
               clientes. Ao se referir a constelações de satélites
               inteiras, às vezes se fala de "Constelação como
               um serviço" (CaaS).

Meteoro   Um pequeno corpo astronômico que entra na
               atmosfera terrestre, onde se queima sem atingir
               a superfície da Terra - uma estrela cadente.

Meteoroide   Um pequeno corpo astronômico que orbita o
               Sol e é menor que um asteroide.

Meteorito   Um meteoro que consegue atingir a superfície
               terrestre.

NASA	National Aeronautics and Space Administration – a Agência Aeroespacial Americana.
New Glenn	Um foguete de lançamento pesado que atualmente está sendo desenvolvido pela Blue Origin.
New Shepard	Foguete suborbital e cápsula da Blue Origin.
NSC	National Space Council. O Conselho Espacial do Presidente Americano.
Overview-Effect	Efeito de visão geral. Uma reação emocional que os astronautas experimentam quando vêm a Terra inteira a partir do espaço.
Payload	A carga útil de um satélite; por exemplo, equipamentos de telecomunicações ou sensores.
Perseverance	Um veículo-robô (rover) da NASA, que foi lançado em 30 de julho de 2020 por um foguete de lançamento para Marte.
Picosat	Um satélite muito pequeno, que pesa entre 100 gramas e um quilo.
Plataforma de serviço (satellite bus)	A estrutura básica de um satélite com todos os sistemas necessários, exceto a carga útil.

| Próton (Foguete) | Um foguete lançador da empresa russa Chrunitschew. |

| Regolito | Substância arenosa da superfície lunar. |

| Remote Sensing | Sensoriamento remoto. A observação da Terra ou de outros corpos celestes (naturais e artificiais) do espaço com a ajuda de sensores adequados. |

| RTG | Radiothermal Generator. Baterias de radionuclídeos que geram energia por meio da decomposição nuclear. |

| SLS | Space Launch System. Um novo e pesado foguete de lançamento da NASA. |

| Sojus | O nome tanto de um foguete lançador russo quanto de uma cápsula espacial russa. |

| (U.S.) Space Force (USSF) | A "Divisão Espacial" das forças armadas americanas. |

| Space Shuttle | Um ônibus espacial reutilizável usado pela NASA entre 1981 e 2011. |

| Space Tug | Uma nave rebocadora em órbita que manobra satélites. |

| SpaceX (Space Exploration Technologies) | Uma empresa espacial diversificada fundada pelo fundador do PayPal e da Tesla, Elon Musk. |

Starlink   Uma rede de comunicações por satélite de banda larga da SpaceX baseada em órbita baixa terrestre (LEO).

Starship   Nave espacial da próxima geração, atualmente sendo desenvolvida e testada pela SpaceX.

Suborbital   Tudo o que não entra em órbita.

Titan (lua)   Uma lua do planeta Saturno – às vezes sugerida como uma opção para colonização humana.

Torre suspensa   Um tipo especial de torre alta, de onde objetos são lançados para exame de seu comportamento na ausência de gravidade.

Upstream
(na economia
espacial)   Uma empresa que produz e / ou opera hardware como foguetes, satélites ou seus componentes.

V2   Arma de retaliação 2. Um míssil a propulsão líquida alemão desenvolvido para fins bélicos durante a Segunda Guerra Mundial; precursor dos posteriores mísseis americanos e soviéticos.

VC   Venture Capital. Capital de risco. Os fundos VC investem em empresas novas e inovadoras.

Voo parabólico   Um tipo especial de voo no qual os passageiros às vezes sentem a ausência de gravidade.

AGRADECIMENTOS

Este livro não teria surgido sem meu período de estudos no Programa de Estudos Espaciais da Universidade Espacial Internacional (*International Space University* /ISU) em Estrasburgo, o que me deu a oportunidade de aprender mais sobre o espaço em um ambiente com pessoas que pensam como eu, de discutir diferentes aspectos e de desenvolver minha paixão, que já era forte. Agradeço, portanto, a todos os professores, palestrantes, funcionários, voluntários e colegas estudantes da ISU por essa experiência que mudou minha vida, e gostaria de citar os nomes de Juan de Dalmau, Gary Martin e Ofer Lapid.

Muitos dos meus colegas da ISU leram partes deste livro, e agradeço a Anastasia Medvedeva, Charlie Bilsland, Fatih Özkan, Gilad Sivan, Johannes Weppler, Jonas Tobiassen, Lisa Kucher, Mirta Medanic, Nikhitha Chadde e Raj Thilak Rajan por seus comentários enriquecedores.

Meus sócios na E2MC Ventures também me ajudaram muito com leituras prévias e com seguidas discussões sobre as possibilidades de negócios no espaço.

Meu início no negócio espacial foi possível graças ao fundo de investimento americano Gigafund, e gostaria de agradecer a seus sócios e funcionários. Agradeço igualmente a todos os investidores atuais da minha empresa E2MC Ventures.

Uma fonte inesgotável de aprendizado sobre os negócios espaciais e sobre o espaço em geral foram meus convidados no Space Business Podcast.

Gostaria de agradecer aos meus amigos e parceiros da Spacewatch.Global por nossa colaboração na mídia espacial em geral, incluindo seu apoio imediato ao projeto deste livro na edição original alemã.

Minha editora Karola Neutze certamente melhorou de forma significativa o texto original em alemão com suas suas correções e sugestões.

Para a ajuda que prestaram no projeto de traduzir para e publicar este livro na lingua portuguesa, queria também especificamente agradecer ao Coronel Carlos Augusto Teixeira de Moura, Presidente da Agência Espacial Brasileira, Ian Grosner, Leonardo Martini Maciel Monteiro, e Mauro Wainstock e equipe.

Gostaria de agradecer particularmente a Cynthia Leusin-Röttgen por seu apoio e compreensão enquanto eu trabalhava em meu manuscrito, todos os dias e por muitas horas, durante a quarentena do coronavírus. Cynthia, este livro não existiria sem você.